50代からの人間関係

水島広子
精神科医

PHP

はじめに

気づいてみれば、夫や妻との関係がぎくしゃくしてきた。
義理の親との関係がうまくいかず、夫（妻）も頼りにならない。
自分の老親のことが心配だが、何を言っても感情的に返されるだけ。
成長した子どもと仲たがいしてしまい、まったく会話がなくなった。

これらは本書で取り上げている例の一部ですが、こんなふうに、「50代からの人間関係」には、案外悩ましいテーマが多いものです。

本書は、もともとは連載「50代からの人間関係」を『PHP増刊号』に書いてほしい、と言われたことがきっかけでした。すでに自分も50代になっていたので、二つ返事でお引き受けしました。

なぜ50代?と言うと、精神科医として、またいろいろな立場で多くの方とお会いしてきた体験からは、50代にどう生きるか、ということが案外重要だと思うのです。

50代と言えば、決して若いとは言えない、加齢やいろいろな限界を感じる年頃ですが、家族に目を移せば、個人差はあっても、子どもが独り立ちするのはたいてい50代のときです。老後を見据えたときに、自分には子どもがいないことが目についてくるのもこの時期。自分の親や義理の親の高齢化と介護の必要などが現実的になってくるのもこの時期です。そんな中で、今まで避けて通ってきたことに改めて直面する、ということもあります。

子どもが独り立ちして家族のバランスが変わることによって、夫婦間がぎくしゃくしてくる、ということもあります。また、独り立ちしていく子どもは自分なりの考えを持つようになってこそ一人前なのですが、その過程で、親と仲たがいしてそのまま、などということもあります。

50代は、若くはない。でも引退にはまだ早い。そして職場などで、上の世代からも下の世代からもさまざまな役割を求められる。子育てが一段落し、社会に出て「若い上司」と働くこともあるでしょう。

そうやって見てくると、50代を健康な心で過ごせるか、というのは案外重要なテーマだと思うのです。

なかでも特に、**この年代の「人間関係」を、よいものにできるかできないかによって、その後の人生の幸福度は大きく変わってくると思います**。

本書は、「50代からの人間関係」について書いた本ですが、どんな年代であっても、生活の質を支えるのは、よい人間関係です。困ったときは頼れる、愚痴を聴いてもらえる、自分のことを信頼してくれる。そんな人間関係を持てていれば人生の質はかなり上がるのですが、特に50代においては、複雑化した問題を見ると、ほとんどの場合、対人関係がテーマです。この年代の対人関係をよいものにできるかできないかによって、その後の人生の幸福度が大きく変わってくると言ってもよいでしょう。

また、50代以降の人間関係は、問題を案外修復しにくいものです。それなりに「大人」なので、若い人のように問題をアピールできない。「もう大人なのだから」と自分でも流してしまう。経験への自信から頑固になる。そんな状況下で手をこまねいていると、人生後半に孤独感を強く持つようになり、生きる喜びも見失いかねない、ということがあります。

本書の特徴は、パートナー、老親、子ども、友人、職場の人たちなどとの「人間関係」のさまざまな「お悩み」に対して一つひとつ、対処法をお話ししている点です。雑誌連載がもとになっておりますので、毎回リアルな生の相談でした。おそらく皆さまにも何かしらピンとくる内容になっていると思います。

50代と言うと、一般には「もう若くもないのだし、分別もあるでしょう」という目で見られます。それは確かに一面の真実なのですが、ぜひ認識しておいていただきたいのは、**50代以降の人生を歩むのは、誰にとっても初めてだということです。**中には、今までの経験がそのまま生きることもあるでしょうが、自分も周りの人もそれぞれが変わっていく分、それまでうまくいっていたことを過信するのは危険かもしれません。赤ちゃんにとってはよい親だったかもしれないけれども、大人の入り口にいる我が子にはどうでしょうか？

安心してください。「50代からの人間関係」を豊かにするには、いくつかのコツがあります。難しいことは特にありませんが、知っているのと知らないのとでは、人生の質がかなり変わってきてしまうと思います。

「50代からの人間関係」の重要ポイントを学んでいただくことは、単にその時期の悩みを解決するだけでなく、人生後半をどう生きるか、ということにもつながってきます。

イメージしやすいように、本書で取り上げている内容の例を少し挙げておきましょう。

たとえば「慣れ」の問題です。実は、人間関係で何かにつまずくときは、単に「慣れ」を意識すれば問題ない、ということが案外たくさんあります。

本文で詳しくご説明しますが、たとえば妻が旅行して、自分だけ一人きりになるのを嫌がる夫の場合も、何かと自分の意見を押し付けてくる義理の親の場合も、「慣れ」という視点で見ると問題がわかりやすく、対処もしやすいケースが多いのです（特に、自分側の「慣れ」ではなく相手側の「慣れ」を意識してみるのです）。

また、50代以降は、家庭でも職場でも、若いときほど頼りにされることは少なくなり、虚（むな）しさや寂しさを感じる人も多くなるでしょう。

そんなときに元気を取り戻すコツは「与える」という視点を持つことです。「大切にしてもらえない」ということの解決策は、「どうすれば大切にしてもらえるか」ではなく、実は、「どうやって相手を大切にするか」というところにあるのです。いわゆる無理やりのポジティブ思考ではなく、じんわりと感じられる温かさがそこにはあります。これも、ぜひ本文で味わってみてください。

本文の内容をチラリとお話ししましたが、そのような、必ず役に立つ考え方がたくさん書かれています。もともとが、いただいたお悩みに答える原稿でしたので、「50代以降、どう生きるべきか」というよりも、「こんなふうに50代以降を生きれば、楽になるし人生が豊かになる」という視点から書いてあります。

どうしても人生後半の話題は「いくらお金が必要か？」というものになりがちです（最近特に）。あるいは、健康寿命を延ばしたくて、痛ましい努力をしている人もいます。しかし、どれだけお金があっても、どれほど健康マニアであっても、人間関係が乏しければ幸福度は低くなります。親しい人が亡くなる、自分が致命的な病気の診断を受ける、なども多くなってきますが、そんなときに自分の心を守ってくれるのも、人間関係です。

このこと以外にも、「こう考えれば最後まで幸せに生きられる」という目を持って書いたつもりです。

お金や健康は確かに大切ですし、ないよりはあったほうがよいものです。でも、「もしもお金がなくなったら？」「もしも致命的な病気になったら？」などという考えに取りつかれてしまうと、人生を豊かに生きることができなくなってしまいます。お金や病気そのものが自分を不幸にする、というよりも、お金や病気への怖れが人生を不幸にする、と言ってよいのではないでしょうか。

そして、**どんなに難しい局面でも、乗り越え、幸せに生きていくための力が人間関**

係です。これは研究からも明らかになっていることです。

人間関係なんてもともと苦手だから無理、と思う方も本書は大歓迎です。いわゆる「場を盛り上げるコミュニケーションが得意」などとはまったく違う観点から、人間関係を見ていきましょう。

本書は『50代からの人間関係』というタイトルですが、もちろん、50代だけに特化された内容ではなく、ほかの年代でも普遍的に当てはまる部分は多いと思います。若いからと逃げることもできない。でも高齢だからと逃げることもできない。自分の健康問題や加齢にも直面していく。家族の関係性も変わってくる。どれかにピンとくる方であれば、ほかの世代の方にもお役に立つと思います。

私が感銘を受けたのは、『PHP増刊号』連載時の若い男性編集者さんが、「この連載を担当して、歳をとるのが怖くなくなり、むしろ楽しみになった」と言ってくださったこと。それは、この本にとって大きな財産です。

最後になりましたが、その「若い男性編集者さん」であるPHP研究所の桑田和也さん、そして書籍化に向けて編集作業に尽力してくださったPHP研究所の姥　康宏さんに心からお礼申し上げます。

本書によって、50代からの人間関係が、皆さまをますます幸せにする力につながりますよう、心から祈っております。

水島広子

50代からの人間関係

もくじ

第1章 「身近な人間関係」のくすり箱 1
夫婦・親 編

第2章 「身近な人間関係」のくすり箱 2
子ども・きょうだい 編

第3章

「友だち・仕事関係」のくすり箱

第4章

「不安と孤独」のくすり箱

装丁　石間 淳
装画・本文イラスト　丹下京子

第1章

「身近な人間関係」のくすり箱 1

夫婦・親 編

夫の不機嫌も、妻の不機嫌もSOS

夫婦の今後の生活が不安

家事や子育てのみならず、旅行の計画さえも妻にまかせっきりな夫。一方、ささいなことですぐ不機嫌になり、夫を責めてしまう妻。50代ともなると、親の介護や住み替えなど、夫婦で話し合って決めなければならないことが山ほどあるのに、頼りになるとはとても思えません。いったいどうすればいいのでしょうか？

長年連れ添ってきた配偶者。ほかのどの関係とも違う要素がそこにはたくさんあり

ます。

まずは、もちろんですが、とても距離が近いこと。プライベートな情報も、お互いにかなりの程度知っているということです。

確かにとても距離は近いのですが、その関係性は独特です。仕事を持っている人の場合、睡眠時間を除いてよく計算してみると、配偶者よりもずっと長い時間を仕事上の関係者と過ごしていることが多いのではないでしょうか。その結果、夫婦でじっくりと話し合う時間もありません。

でも「夫婦なんだから、多少甘えて当然」という気持ちもあるため、**本当は一番大切な相手なのに、実は一番「手抜き」をしがちだし、気づくと相手に我慢させてしまっている**、ということも多いものです。

アメリカのデータを見ると、中年既婚女性がうつ病を発症する一番の要因が、**配偶者との不仲**です。誰にでも不仲な相手はいるかもしれませんが、そんな相手が自分の世界の中心にいる、ということは、心に相当のストレスをもたらすものです。**夫婦生活の絶望が、人生全体の絶望や無力感につながっていく**のです。

夫婦は「力」にも「ストレス」にもなる

一方で、**お互いに支え合い信頼し合っている夫婦は何にも増して力になります。**

私は精神科医として夫婦間のずれを扱うことが多いのですが、よくよく話し合い、ずれを埋め、お互いに相手への感謝が芽生えた夫婦ほど心温まる関係性はない、と感激することも多々あります。

また、よい夫婦関係は、家庭外で受けたショックを和らげてくれるもの。「そんな弱音を吐いてもしょうがないでしょ」というような関係性だと心を病んでしまうことにもなりかねませんが、「仕事なんかよりもあなたが大切。ひどい職場にとどまる必要なんてない。二人で力を合わせていこう」と言ってくれる配偶者がいれば、少し気持ちを立て直すことができ、うつ病などにならないですむかもしれません。

お子さんのいる夫婦であれば、夫婦それぞれの苦手分野を補い合いながら、一人の人格を育てていく、という意識を持つことで連帯感が強まるでしょう。

仮に離婚ということになっても、決して元配偶者の悪口を子どもに言わない、ということも大切です。どちらも子どもにとってかけがえのない親なのですから、悪口を聞かされることは自分が裂けていくような思いを子どもに与えます。

もちろんDVなどは特殊ケースで、自分の心が病んでしまうため、専門家の力を借りて、お子さんを大切にしてあげたいものです。

今回のお悩み

妻だけが外出すると、夫が不機嫌に

数年ぶりに、友人に旅行に誘われた。夫に相談すると、不機嫌な態度を示すだけ。やっと口を開いたと思ったら「飯はどうすんの?」と自分のことしか言わない。出発前夜に徹夜で食事を用意したが、旅行中も夫の不機嫌が気になって楽しめない。

久しぶりの旅行なのですから、「友だちと旅行とはいいね。楽しんでおいで」くらい言ってほしいところですが、夫側の不安に注目すると、また違う景色が見えてきます。

人間にとって、あらゆる「変化」がストレスになります。一見「よい変化」であっても、適応には時間がかかるもの。

「飯はどうすんの？」というところから見ると、夫はあまり家事能力が高くないようですから、夫から見て、妻の旅行とは、生活の根底を覆（くつがえ）すような変化に感じられるのでしょうね。大げさに言えば、「自分は生きていけるだろうか」というほどです。

また、それがどういう趣旨のものであれ、**自分の日常が乱されることはストレス**です。

ですから、妻をねぎらうよりも、まずは「飯はどうすんの？」という不安の叫びが出たのでしょう。夫婦という気やすい関係なので、本音が出てしまったのだと思います。

慣れるための時間を与えてあげよう

もちろん将来の理想は「友だちと旅行とはいいね。楽しんでおいで」と言ってもらうことです。しかし、「久しぶり」ということから見ても、夫にとっては妻がいて自分の身の回りのことをしてくれるのがすっかり日常になっているのです。

「旅行なんて、だめだ」と怒鳴るような夫であれば話は違ってくると思いますが、夫は夫なりに、「妻が不在の生活」に慣れようとしている姿が見て取れます。

ですから、**慣れていくための時間を少し与えてあげたらどうでしょうか。**

短い旅行の間くらい、外食や、買ってきたお弁当ですませてもよいと思います。

たとえば、「ステップ1＝前もって料理を作る」は今の時点では妥当と言えるでしょう。

旅行から帰宅したら、自分の楽しかった話をするのはもちろんかまいませんが、**「あなたが理解のある夫で嬉しいわ。いろいろ不自由があったでしょう」と夫に感謝**

しねぎらうことも重要です。

なぜそこまでへりくだるのか、と思うかもしれませんが、「慣れ」を中心に考えれば、たとえばプールへの飛びこみで、最初は低いところから飛びこんで恐怖を少し克服し、だんだんと高さを上げていく、というようなイメージがぴったりかもしれません。

いきなり高いハードルを与えてしまうと、相手は恐怖と自己防衛しか感じませんが、**まずは「ちょっとがんばればできる程度」から始めるのが得策**です。

お願いは、少しずつ、ゆっくりと

「飯はどうすんの?」も、自分のことばかり、と考えると「思いやりの欠如。自己中心的」と感じてしまいますが、**未知の環境に慣れていくための夫の「SOS」**だと思うと、「大丈夫よ、ちゃんと作って出かけるから」と安心させてあげれば、徐々に夫の不安も減っていくはずです。いずれ料理も覚えるでしょうし、その際は必ずほめてあげてください。

これからはもっと自由に生きたい、と思うのであれば、まずは夫の適応のプロセスを手伝ってあげることからだと思います。

「妻が不在になる」という非日常に強い不安を感じてしまっている夫に、「大丈夫。少しずつでいいから。私も変化のプロセスを支えてあげるから」というような気持ちで接してみると、夫が単なる自己中心的な人間、というよりも、これも一つの「夫婦の助け合い」と言えます（妻は自由を手にする、夫は不安を妻に和らげてもらう）。男性は多くが「課題達成タイプ」、しかも「努力を認めてもらうのが好き」なので、「楽しかったわ。あなたのおかげね。ありがとう」とほめてあげれば、案外機嫌が直り、徐々にハードルを高めていけると思います。

ただ、変化に適応することの難しさは、誰もが知っていること。

次の旅行までは、少し時間を置いたほうが、夫は「どこまで要求が増すのか」という恐怖から解放されることができるでしょう。

頼りにならない夫との今後が不安

次のお悩み

義理の両親の介護のことで、妻である私が直接言っては角が立つと思い、夫から言ってほしいとお願いした。しかし、夫は両親の前では、いい顔をするばかりで、話を切り出さない。そんな頼りない夫を見て、このまま二人で生きていく自信がなくなった。

結婚生活の最大の難関の一つが「義理」の関係。配偶者は自分で選んだ相手ですが、「義理」はそれについてくるもので、決して自分が選んだ相手ではありません。

ですから、**義理の両親のことは夫に言ってもらう、というのが基本的な原則**です。人にもよりますが、血縁のほうが言うことを聞きやすいですし、特に義理の母は、息子の結婚について、やや複雑な心境でいるもの。

息子が結婚するとなると、もちろん立場も年代も違うのに、「息子をとられた」というような気分になる女性は少なくないのです。それでも息子には結婚に失敗してほしくないし、というわけで、複雑なのです。

これまた**「慣れ」の問題**です。だんだんと、息子の妻が自分たちを脅かす存在ではない、ということが腑に落ちてくれば、仲よくできるようになるでしょう。

ただ、慣れるまでは、義理の親にとっても息子の妻は突然与えられた「家族」。適応に時間がかかるのも仕方がないですし、それまでは実子である夫ががんばるのが王道です。

「頼りない」のではなく慣れていないだけ

さて今回は、そういう直接の「義理」関係の悩みではなく、間に立つ夫の問題です。親との間に何らかの問題があるのであれば、結婚生活が複雑になります。血縁と違って、夫婦は別れられるので真剣に考えてみてもよいでしょう（子どもがいればかなりの配慮が必要になりますが）。

もちろん、全体に「不慣れ」な状況ですから、夫とよく話し合うのも大切です。本当に夫は単に頼りないのか。もしかしたら、妻と両親がうまくいくように、とにかく波風を立てない方針なのかもしれません。

でも、「慣れる」までは力を貸してほしい、あなたの言うことなら、多少の反発を感じても実子だから許すはず、ということをよく説明してみてください。

「義理」の家族との関係づくりは時間がかかるもの。この時期は夫に間に入ってもらうしかありません。

その際、夫には「妻が困っているから」と妻を前面に出すのではなく、「もちろんこれからも相談するけど、一家の主としてしっかりバランスをとりたいんだよね」と自分の責任感を前面に出してもらうとよいでしょう。

それでも理解してくれない親なら、距離を置くのが正解です。そして、それほど強烈な親なのであれば、夫にとっても不可抗力の相手で、自分ではどうしようもないのでしょう。

責められると男性はやる気をなくす

さて、夫がこれらのどれに当たるのか、まずは夫とよく話し合うことです。

「あなたがしっかり言うべき」と責め立てるような態度で臨むと、夫はやる気をなくすと思いますし、夫婦仲も危機にさらされるかもしれません（**男性は責められることにとても弱いのです**）。

しかし、「これをお願いできるのはあなたしかいないのよ。私なりにお義父さん、お義母さんと仲よくやりたいと思っているの。**だから私から直接言って関係が悪くなるのが嫌なのよ。あなたならうまくやってくれると信じているわ**」というようなことを言えば、やる気になってくれるかもしれません。

あるいは、夫なりの「慣れ」の時間が必要なのかもしれません。今まで親に言い返したことがなかった人なら、そういうこともあり得ます。そうであれば、まずはものすごくハードルの低いところから。「お願いなんだけどさ」というような気楽な雰囲気で始めてもらったらどうでしょうか。

キーワードは「慣れ」。ある日突然「家族です」と言われたときの戸惑いを考えれば、慣れの時間はどうしても必要なのだと思います。そのうえでもだめなようであれば、夫婦カウンセリングなどを受けてみてもいいですね。

そこまで徹底的にやれば、仮に離婚という結果になったとしても「私はやるだけのことはやった」と思えると思います。

次のお悩み

妻の不機嫌に、ひたすら我慢する日々

妻は、「カップを出しっ放しにしないで」とか、「また趣味のグッズを買ったのね」などと言って、すぐに不機嫌になる。不機嫌になった妻に責められるのが嫌なので、できるだけ自分のほうが我慢することにしている。好きな趣味も、一人のときにこっそりやっているが、最近、そんな生活に苛立ちを感じるようになってきた。

男性は一般に女性の不機嫌な顔が苦手です。また、繰り返しますが、責められることもとても苦手です。

なぜ苦手なのか、ということを考えてみると、それが「自分がうまくできていない証拠」のように感じられるからなのではないかと思います。

もちろん個人差はありますが、男性は全般に課題達成型で、「自分がうまくできているか」を気にする傾向が強いです。その最もわかりやすい形が、相手の機嫌ですね。男性は責められるのに弱い、というのも、「自分がうまくできているか」を気にしているからだと言えます。責められる、というのは、「うまくできていない」強い証拠に感じられるのです。

一方、女性のほうは、不機嫌を通して理解を求めようとする場合が少なくありません。自分の不機嫌によって「自分に関して、何かがうまくいっていないのだから、取り組んで」ということを伝えようとするのです。

男性が「うまくできているか」という「形」を求めやすいのに対して、女性は「自分が思いやられているか」に目を向けることが多いです。ですから、思いやってもらえていれば形の部分では妥協することも可能です。

カップや趣味のグッズについても、そのものが問題ではない場合が多く、カップを片づける立場の自分や、部屋の片づけや経済的なやりくりを担当する自分が、思いやられていないのではないか、ということが不満である場合が多いです。「思いやりがあるのであれば、勝手なことはしないはず」という期待があるからです。ですから、思いやりが示されれば、カップやグッズそのものは見逃してもらえるはずです。

しかし、妻の不機嫌を見てただ「自分はうまくできていない」と感じる夫は、それ以上の面倒な話し合いに進もうなどとは思わず、単にコミュニケーションを閉じてしまう、ということがよくあります。

妻からすれば、「話し合う」というのもとても大切な「思いやり」なのですが、夫側は単に「責められた」と受け取ってしまう場合が多いのです。ですから、妻の不機嫌が嫌でひたすら我慢する夫は、妻のニーズを実は満たせていないのです。

妻が求めているものが「思いやり」であることに気づかず、「形」を整えることでどうにかしようとすると、このケースのようにストレスがたまってくるでしょう。そして、妻は本当はそんなことを求めているわけではないのですから、残念な話です。よくわかって取り組んだほうがよいと思います。

男性は「形」で「自分はうまくできている」ことを知ると安心するのですから、妻は「笑顔」や「ありがとう」を通してわかりやすくそれを伝える。

一方、女性は「思いやり」を求めているのですから、夫はできるだけ妻を思いやる。特に妻が不機嫌なときには、「思いやり」をもってしかそこを突破できない、ということを知っておくとよいでしょう。

こういう特徴がわかれば、逆の方向にも、つまり、男性は自分が「責められた」と感じるときにももう少し粘ってみる、妻は、不機嫌でいるよりも「ちゃんと話し合って」と言って話し合いを促進する、など、それぞれの工夫ができると思います。

言いにくいことを、「義理の親」に言うとき

義理の親と、どうつき合う？

歳を重ねても、義理の親（家族）との関係には気を遣います。育った環境や世代も違うので、モヤモヤすることも多く、悩みがつきません。かといって、そのまま指摘すると角が立ちます。お互いが気持ちよく過ごすためには、どうすればいいのでしょうか。

義理の家族関係は、結婚によって突然成立する「家族」、という意味で、とても特殊なものです。

「実の家族」が、基本的に、長い間生活を共にしている、血のつながりを前提にしている（もちろん、血のつながりのない家族もいますので、そういう場合には「血」のほうは読み飛ばしてください。ただ、「血のつながり」が、理屈を超えた親近感や、受け入れやすさをもたらす人たちは少なくないようです）、ということに比べると、「義理」の関係は、かなり性質の違うものになります。

「実の家族」が、少なくとも子どもにとっては、多くの場合、それまでの人生のほとんどを共に過ごし、人格形成にも大きな影響を与えた場であるのと異なり、「義理」の関係は、結婚という新たなパートナーシップを作ることに伴って、にわかに生まれてくるものです。

義理の家族は「パートナーの家族」と割り切る

もちろん、どんな関係であっても、今から作っていくことはできます。

特に、義理の家族と同居するのであれば、「生活を共にする」という意味で「実の家族」と同様の関係になりますから、いろいろぶつかり合いながらも同居を前提とした関係性を育てていくことになります。同居の場合、それは必要なことです。

しかし、**同居という前提もないのであれば、義理の家族は「パートナーの家族」と割り切ったほうがずっとうまくいきます。**具体的にどう割り切るか、というと、前項でお話ししたように、たとえば**「言いにくいこと（角が立ちそうなこと）は『実の家族』が言う」という原則を持つ**ことです。

家事のやり方や、育児の方針などは、家庭によって異なるものです。同居しないのであれば、それぞれが別の家庭ですから、お互いを変えようとせずに尊重し合う、というのが最もうまくいく基本姿勢でしょう。

実際、義理の家族との関係を悩ましく思うのは、「押し付けられた」「批判された」と感じるような場面に多いと思います。

そして、それを解決するために何かを言わなければならない。でも、言うと角が立ちそう。そんな状況が多いのではないでしょうか。

義理の家族に悪く思われたくない、という気持ちも、多くの人に共通すると思います。

「押し付けられた」「批判された」と感じてしまうとき、お互いをよくよく知り合っていけば相手の意図もわかるようになるものですが、同居していない家族であれば、そこまで知り合う機会もなければ、知り合う必要もないでしょう。

現実に何らかの形で「ノー」を言う必要があるときは、とにかく「実の家族」であるパートナーに言ってもらうことが原則です。

多くの人が、自分の意見を否定されると嫌な気持ちになります。でも、「実の家族」に言われた場合には、最終的に受け入れるという習慣を多くの人が持っています。逃れようもなく、受け入れるしかないからです。

また、「実の家族」であれば、「もともと、こんな性格の子だから」と、子どもの頃から長く知っているがゆえの理解もしようとしますし、「まあ、家庭を持って責任感から毅然（きぜん）としようとしているのだろう」などと、子どもが人生のどういう時期にいるのか、という視点を持って考えてみることもできます。

でも、知り合ってからのつき合いがどうしても短い「義理」の場合は、そういう視点を持つことができず、理解が難しくなります。

そして、「まあ、こんな性格の子だから」という見方ではなく、「どうして私の言うことを否定するのだろう」という見方に寄ってしまいがちになるのです。

ですから、「言いにくいことは『実の家族』が言う」という原則を持っていたほうが、現実的にずっとうまくいきますし、いたずらに関係性を損ねずにすみます。

一般に、義理の家族とのストレスが大きいというケースでは、パートナー（実の家族）が「家族なんだからうまくやって」という「お任せ」姿勢でいる場合が多いものです。

そう願う気持ちもわかりますが、ここまでお話ししてきたような、義理の家族の特殊性を考えれば、**「家族なんだから」という一言ではすまない難しさがある**、ということを理解していただきたいものです。

パートナーから「家族なんだから言いたいことを言って」と言われてもなかなかできない、という人も多いと思います。それは当然のことです。「家族」というのは概念ではなく、長い経験に基づく関係性だからです。

パートナーが、家族だから言える、と思えるのは、お互いに長く知っている、受け入れる覚悟ができている、というような関係性に基づいていることが多いのです。

「慣れ」が違和感を小さくしていく

そもそも、いろいろな問題を「慣れ」が解決することは多いものです。

人間は生き物ですから、あらゆる変化をストレスとしてとらえます。それが社会的にどれほどおめでたいことであっても、変化は変化です。また、新しいことに馴染(なじ)むのには時間がかかります。

そこで、**変化を乗り越えるために大きな役割を果たすのが、「慣れ」**です。

最初は違和感を覚えても、慣れてくるにつれて受け入れやすくなってくるのです。

「実の家族」というのは、この「慣れ」の究極形とも言えるものだと思います。

そして、義理の家族は、結婚してから「慣れ」を積み重ねていくものであるため、初めから何でも受け入れられるわけではない、というのは仕方のないことだと思います。

なお、ここまで、同居の有無を軸としてお話ししてきましたが、二世帯住宅の方も多いと思います。「二世帯」をきちんと守っている方であれば、それは「同居していない」と考えることができますし、ある部分が一体化しているのであれば、その分を「同居」と考えるとわかりやすいと思います。

つまり、「同居」の範囲で、直接の関係性を作っていくのです。直接の関係性を作る際には、「慣れ」の力もたくさん借りましょう。

そして、それ以外の部分は、あくまでも「実の家族」を通して、特に言いにくいことは伝えていく。違和感があっても、「パートナーの家族」として受け流していく。そんな姿勢でいれば、楽に関われると思います。

皆さんの中には、「もう新婚ではないから変えられない」と思われる方もいらっしゃると思いますが、**どんな人間関係も育てていけるもの。**気づいたら話し合って、修正していく。その努力は決して無駄にはなりません。

今からでも、パートナーとよく話し合って、よりよい関係性を育てていきたいですね。

今回のお悩み

何かと口を出してくる義母

私が仕事を続けていることや、お歳暮や法事のこと、子育てのことなど、何かにつけて「こうしたほうがいいんじゃない」「昔はこうだったのに、変わったのねぇ」と義母がいちいち口を出してきます。

やんわりお断りしたり、「私はこうしたいので……」と思いを伝えたりしても、不機嫌になり、夫に告げ口をすることもあります。夫も何も言わないので、それにも余計に腹が立ち……。義母との関係に疲れてきました。

何であれ変化がストレスとなる人間にとって、新しい人間関係や新しい価値観に馴染むことは、それなりに時間とエネルギーを要するものです。

若いうちであれば、新しいものに比較的早く馴染めるかもしれませんが、歳をとるにつれて、それはますます難しくなるものです。

ご相談のようなケースはかなり多く見られますが、これを「自分が否定されている」ととらえると不愉快ですし、義母のことも嫌いになってしまいます。

そのような気持ちは、子育てをする上で子どもにも伝わってしまい、好ましくない影響を与えることも少なくありません。

祖母（義母）との関係で傷つく母親、祖母（義母）のことを嫌いな母親。どちらも、子どもにとっては悲しいことであり、成長の過程で気を遣わなければならないことが増えてしまいます。

ですから、義母との関係は、その基本姿勢を子どもが安心するようなものにしておいたほうがよいと思います。

義母の言動だけを見ていると、「私のことが気にいらないのか」「なんでも自分の思い通りにしようとしているのではないか」などという気持ちになるのは当然です。

しかし、**義母は単に新しいこと**（**息子のパートナーとの関係**）**に適応するプロセスの途中であり、歳をとっている分、それが難しいだけなのだ、と考えると、かなりすっきりする**と思います。

いちいち口を出してくるのは、単に「それしか知らないから」。年上だから社会のことをよく知っているはず、という期待は必ずしも正しくなく、義母は与えられた人生を、限られた範囲で生きてきた人に過ぎません。

仕事を続ける女性として世の中を見たこともなければ、子育ての情報がより豊かな現在の子育て経験があるわけでもありません。

また、「義母」という役割にも、決して慣れているわけでもありません。

もちろん、気持ちとしては、「息子のパートナーを応援したい」と思っている人も多いものですが、それをどういうふうに実践していくのか、ということについては、義母はまだまだ経験不足と言ってよいのです。これから試行錯誤が必要な領域です。

義母としての経験が浅いので、息子の妻から何かを言われたときに、それをどう扱ってよいのかもわからないし、その判断の基盤となる経験もないのです。

ですから、義母が必ず正しくふるまうことを期待しても、それはかなわないと思います。

「実の家族」の力を使おう

ここでも、答えは**「言いにくいことは、実の子ども（この場合は、夫）に言ってもらうこと」**です。義母が口うるさく言ってくることについて、夫から「うちはこういう考えでやっているんだから、うるさく言わないで尊重して」と、きちんと言ってもらうのです。

もちろん、義母は嬉しくはないでしょうし、いろいろと反発を感じると思います。

しかし、そこは「実の家族」の力。時間をかければ、「息子なりに自分の家庭を守ろうとがんばっている」と受け止めてもらえるようになるでしょうし、息子の妻についても、息子に脅威をもたらす存在ではなく、むしろ幸せをもたらしてくれる存在、と気づいてくれると思います。

夫が「実家との間には必ず自分が入る」「実家の価値観ではなく、自分の家庭の価値観を優先する」という姿勢をしっかり持ってくれれば、あとは時が解決していくはずです。

なお、夫に間に入ってもらう際には、「あなたがやって当然」という態度よりも、「あなたが間に入ってくれると、すごく安心して暮らせるわ。ありがとう」「私もお義母さんも、あなたを頼りにしているのよ」と、持ち上げる姿勢でいたほうが、よく動いてくれると思います。

介護の難しさは、分割して考える

老いた親とどう接したらいいのか？

親の介護が現実味を帯びてきました。けれども親は、なにか気に入らないことがあると、きつい口調であたってきます。すでにこんな調子なのに、介護となったら……と考えると、先が思いやられます。

親のこの態度は性格なのでしょうか。それとも歳をとったせい？このままでは、親の介護をする自信がありません。だからといって施設に預けるのは、親に悪い気もします。いったいどうするのが最善策なのでしょうか。

小さい子どもにとって、親はすべてと言うことができます。

どんなに生意気に見える子でも、いつも親のことを気にしていますし、親が「ダメ」ということは「ダメ」、と親の価値観の中で生き、親の対人関係の中で生きています。

虐待など、第三者から見れば「親が悪い。子どもは完全な被害者だ」と思うケースでも、子どもは「でも、自分がもっとちゃんとしていれば、親は怒らなかったのではないか」と思うのです。

そのくらい、子どもの世界が完全に親の世界に入ってしまっているということでしょう。単なる親の不機嫌を、「自分が何をしたのがいけなかったのか」などと子どもはよく考えるものです。

第三者的な目を持てるようになるのは、思春期（反抗期）になってから。友だちや先輩に親しみを感じながら、親を客観的に（むしろ反抗的に）見るようになります。

親の価値観がおかしいという感覚は、このあたりから顕著に出てきます。

そんな親の価値観を脱して自分なりの価値観を作り、親の人間関係の一部ではなく自分の人間関係を作り、その中に老いつつある親を位置付けることができれば、その子は「大人になった」と言えるでしょう。

親はいつまでも「親」でいたい

そもそも親とは何か、というと、理想論で言えば、子どもが大人になるまで、安全な環境を提供してあげて、子どもにいろいろな試行錯誤をさせてあげる存在です。

そして、これまた理想的には、常に子どもの味方である存在。子どもは歳を重ねて大人になりますが、**何歳になっても親から見れば子どもは子ども**です。

その中には**「迷惑をかけたくない」**という気持ちがあるはずです。年老いて、できないことが増えてくる毎日に、焦(あせ)りや不安、絶望などを感じているかもしれませんが、それらの解決を全部、すでに自分の世帯を持っている子どもにおんぶにだっこ、ということは、通常、親のプライドが許さないと思います。

認知症ゆえに、本当に無邪気な子どものようになってしまう場合を除き、**親はでき**

るだけ「親」でいたいもの。子どもに迷惑をかけたくない、というのは、遠慮でもあるでしょうが、案外本音なのです。

加齢によりできなくなった部分は、できるだけさりげなく支える。でも全体として、**親は親として尊重する。**場合によっては、（親が答えられないかもしれなくても）いろいろと相談する。そんな関係性がよいのでしょう。

介護については、また複雑な要素がありますので、この後の回答もご覧ください。

今回のお悩み

介護のイライラで夫婦間に亀裂が……

実父の介護をしているが、気に入らないことがあると罵倒される。

「私だってやりたくてやっているわけじゃない！」と虚しくなり、時に言い返して、後で自己嫌悪に陥る。

さらに、溜まったイライラを夫にぶつけて、夫婦関係も破綻しかけている。

本来、介護は家庭内ではなく社会的に行ったほうがよい、という原則があると私は考えています。介護は決して簡単なことではなく、その「簡単ではないこと」の苦労と親への感情が混同されてしまいがちだからです。

1　親は歳をとって介護が必要な年齢になった。そして、それは今後さらに介護負担を増すことにしかつながらない（子育てのような、未来へとつながる「終わり」がない）。

2　高齢者は無力な自分を情けなく思っており、その気持ちが、時々暴言などの形で表れる。

3　歳をとっても親は親。できるだけのことをしてあげたいと思う。

個別に見てみると、ご相談には、これらの内容が混在しているように思います。介護はできるだけ社会的に他人の手を借りて、と思うのは、2と3が混乱してしまうからです。できれば、肉親は3に専念したいものですよね。つまり、**精神的に親を**

いたわってあげる、ということです。

そこに1、2が混ざってくると、3すら見えなくなってしまう、というのがご相談の内容でしょう。

改めてご夫婦で話し合って、できるだけ3に専念できる環境を作ってください。

自分にしかできないことに専念する

実は、介護うつになる人の多くが、「施設に預けるのはかわいそう」「自分が一番よく本人のことをわかっていて、介護も一番うまくできる」「他人に任せられない」といった考えをしています。

それはそうなのですが、そこそこの質であれば、1、2は他人でもできること。また、質が悪いと思ったら「取り換える」こともできます。

ですから、**自分にしかできない3に専念できるように頭を切り替えてみましょう**。

また、子どもとしてつらいのは、かつては自分のしっかりした保護者であった親が、日に日に「子どもっぽく」なっていくこと。これは精神的に、かなりの喪失体験となります。

夫にぶつけている「イライラ」には、これらの要素が全部含まれているように思います。ですから、まずはご夫婦で今の気持ちをよく話し合ってみたらどうでしょうか。

これだけ大変な状況なのですから、夫婦は助け合って当然。「僕にイライラをぶつけてすむのなら、それでいいよ。十分がんばっているんだから」と言ってもらえれば、おそらくイライラ度は減ると思います。なぜかと言うと、夫にイライラをぶつける自分にも、イライラしているはずだからです。

自分の時間を少しでも持とう

ここで必要な心のプロセスは、そんな**自分をゆるしてあげる**こと。

すでにお話ししてきたように、親の介護には本当に難しい要素がいくつもあって、そんな中で、常に、にこやかに、スムーズに、というのは「理想」でしかありません。

そんな**「不完全」な自分を、そのまま受け入れましょう。**完璧な人間などいないのですから、イライラするのも当たり前。

そして、**自分のための時間を作り、その時間中は介護のことを忘れてください。**デイケアやショートステイをできるだけ利用して、空いた時間は、もちろん用事を片づけたりするのに使ってもよいのですが、ちょっとの時間だけでも、自分をいたわることをしてください。

おいしいお茶を飲む。好きなテレビ番組を観る。ただゆっくりとゴロゴロ過ごす。社会的な介護を使いながら、そんなに怠(なま)けたことはできない、と思う方は特に要注意です。介護うつ予備軍と言ってよいでしょう。

自分も一人の人間。**のびのびと楽しめる、心休まるひとときがなければ、とてももちません。**ぜひ、「持続可能」な介護を目指してください。

次のお悩み

義理の両親と同居はしたくない

義理の両親が老いてきて、同居せざるを得ない状況になってしまった。
これまでいろいろとお世話になってきたので、何かしたい気持ちはあるが、同居は避けたい。
夫は「同居しかない」と考えを固めているようで、モヤモヤしている。

「義理の関係をうまくやっていくこと」と「同居」は、似ているようでいて、まったく違う次元の話です。

優しく人の面倒を見てあげることは、自分の生活に安定とゆとりがあって初めてできること。そのためには、生活基盤が重要です。

若くから同居しているのであれば、夫を介さなくても、それなりの関係ができているでしょう。時には嫌な態度をとっても「悪気がない人だから」などと理解してくれるはずです。

しかし、親の加齢に従って、自分の意欲や希望とは違うところで同居が決まる、ということになると、義父母のペースや状態に振り回されて、「助けてあげる」優しい存在ではなく、「何でこんなことになってしまったの」という被害者意識が強くなってきます。

それでも責任感の強い人は、適当に手を抜くことをしませんから、介護うつに向かってしまうことにもなりかねません。

どんな変化もストレスになる

ただでさえ、**「変化」はストレス**のもと。それはよい変化であっても、そうなのです。

ということは、悪い変化であれば、どれほどのストレスが生じるだろう、ということは簡単に想像できます。

前のご相談でも書きましたが、ここでも、

1　親は歳をとって介護が必要な年齢になった。そして、それは今後さらに介護負担を増すことにしかつながらない（子育てのような、未来へとつながる「終わり」がない）。

2　高齢者は無力な自分を情けなく思っており、その気持ちが、時々暴言などの形で表れる。

3　歳をとっても親は親。できるだけのことをしてあげたいと思う。

が混在していると思います。さらには、義理の親ですから、言えること、言えないこともあるでしょうし、義父母の生活習慣などに強い違和感を覚えるかもしれません。

歳をとるほど変化への不安が高まる

そもそも、なぜパートナーは「同居しかない」と思い詰めているのか。その点はよく話し合われているのでしょうか。

責任感の強い子どもは、「親の面倒は自分が」と思いがちですし、それを配偶者にも求めがちですが、実の親子と義理の親子は違います。

また、義父母が距離のあるところに住んでいるのであれば、義父母にとっても同居のための転居は、大きな変化になってしまいます。

住み慣れた土地、おつき合いの深いご近所との別れというのは、相当なストレスや不安を生むはずです。

人間にとってはあらゆる変化がストレスですが、こと、**「変化」ということについては歳をとるほど不安が高まる**はずです。

迎えるこちらのストレス、転居しなければならない義父母のストレスが重なると、よいことが起こるわけがありません。

変化の数は減らしたほうがうまく対処できるのです。

義父母が、できるだけ質の良いケアを受けられるように情報収集などをがんばって、その新しい環境への適応を助けたほうが、よほどよいのではないでしょうか。

また、仮に施設へ入所した後もできるだけ訪れて、家族の温かさを感じてもらうのもよいと思います。

お互いに不安や不満を抱えながら同居生活に入るには、すでに誰もが歳をとりすぎているように感じます。

夫からすれば「それでも親だから」ということになるのでしょうが、自分たちの生活も根本から変わってしまうこと、実父母と義父母の違いからご夫婦の関係性にも悪影響が出得ること、それも介護についてはおそらく妻のほうが時間を共にする可能性が高いこと、などをよくよく話し合って、よい解決策が見つかれば、と思います。

説得しようとすると、親はより頑固になる

頑固な親を、どう説得する？

歳を重ねるにつれ、より頑固になっていく親。たいていのことは親本人に任せていますが、明らかに「おかしい」「危ない」と思うようなことをしているときがあります。そんなときは指摘しますが、聞く耳を持ちません。「親のことを思って言っているのに！」と、衝突してしまいます。頑固な親と、どう接すればいいのでしょうか。どう説得していけばいいのでしょうか。

人が歳を重ねるにつれ頑固になっていくのは、**「喪失の否認」**と**「経験の過信」**がテーマである場合が多いです。

「喪失の否認」とは何かと言うと、歳をとるにつれてさまざまな機能を失っていくのを認めてしまうのがあまりにもつらいために、否認する、ということです。

大切な人やものを失ったときには、人は一定の心のプロセスを踏む必要があります。ショックを受け、否認し、落ちこみを含めていろいろと複雑な感情を体験し、最終的には受け入れていく、というプロセスです。

大切な人が亡くなった、難しい病気の診断を受けた（健康を失った）、というようなときには、それが「出来事」として体験されますので、完全に否認を貫くのは不可能です。

しかし、高齢化は、日々進むプロセス。なんとなく否認を続けてしまうことが、ある程度可能です。

子どもからすれば「もう体力がないのに危ない！」と思うことでも、「全然問題ない」などと言い張るのは、衰（おとろ）えつつある体力をそれなりに自覚していて、認めたくないから、とも言えます。

そこには、認めてしまうと、ぐっと老けこむのではないか、という怖れがあるかもしれません。実際に、若々しく生きている人のほうが結果として若々しい、という例もありますね。もう歳だから無理、という諦めが活動性を低下させ、結果として社会からの引きこもりを促進する、という側面は確かにあるのだと思います。

ですから、単に「高齢化」という現実に直面させればよいのか、というと、そういうわけでもなく、元気に歳を重ねてもらうための配慮は必要です。これについては後述します。

時代が変われば、結果も変わる

もう一つの「経験の過信」ですが、高齢であるということは、それだけ経験したことの数が多いということ。それはもちろん悪いことではありませんし、高齢者の智恵がプラスに生かされることもあります。

しかし、**時代が変われば、経験の結果も変わる**もの。また、「経験の過信」が、「今までも大丈夫だったのだからこれからも大丈夫」みたいな方向に働いてしまうと、合理的ですらなくなってしまいますね。

「喪失の否認」と「経験の過信」が組み合わされると、とても厄介（やっかい）な事態になる場合があります。

「（今よりも身体機能が高かった）今までも大丈夫だったのだから、これからも大丈夫」「（今よりも社会が複雑でなかった）今までも大丈夫だったのだから、これからも大丈夫」と言い張ったり、心配する子に対して「お前はまだ若いからわからないんだ」と、「喪失の否認（判断力や最新の知識を失いつつあることの否認）」と「経験の過信（自分は常に我が子よりも判断力や知識があるという自信）」を組み合わせて頑固になったりする、というようなな形をとることにもなるでしょう。

話のトーンから「高齢」を除く

さて、そのような背景がありますので、「親のことを思って言っているのに……」という気持ちが、そのまま受け入れられるのは難しいです。

「親のことを思って言っているのに……」は、親の「喪失の否認」を露骨に刺激するからです。つまり、「あなたはもう高齢でいろいろな機能を失っているから、心配して言っているのですよ」という意味になってしまい、親の頑固な抵抗を招いてしまうのです。

では、どう関わっていったらよいのでしょうか。

まずは、**話のトーンから「高齢」を除く**ことだと思います。「もう歳なんだから」とか「ぼけてきたんじゃない？」などは禁句と考えたほうがよいでしょう。

「高齢」というニュアンスをなくして、単に対等な人間同士の意見として言うのがよいと思います。

たとえば、高齢者を対象とした詐欺などについても、「高齢者が狙われるから気をつけて」という方向から話すのではなく、「最近の詐欺の犯罪者は本当に周到みたいね」という方向から話したほうが受け入れられやすいでしょう。

また、前述したように、「もう歳だから無理」という心境が、活動性を低下させて、人生の質そのものを損ねる、というリスクもありますので、「高齢」というニュアンスをなくすことはそういう意味でもプラスです。

もう一つ、**親を完全にコントロールすることはできない、という事実を受け入れる**ことも大切だと思います。親の無謀な行動がマイナスの結果を招くこともあるでしょう。あるいは、親の頑固な態度がかえって結果を悪くすることもあるでしょう。

しかし、それは親の人生であって、あくまでも自分の人生ではないのです。

どんな人にとっても変化はストレスですが、**高齢になればなるほど、変化には弱くなる**もの。特に「経験の過信」がある人たちにとって、変化は大きなエネルギーを要します。

ですから、**「説得して相手を変えよう」という目標設定を、「まずはきっかけづくり」に修正する**必要があるかもしれません。

そのときの説得では聞く耳を持たなかった親でも、いろいろな情報に触れたり、ほかの人の体験を聞いたりする中で、考えを変えていくことも珍しくはありません。

子どもから言われたことを「そういえば、あの子が言っていたことにも一理あるかもしれない」と、咀嚼して納得するためには、時間と空間が必要である場合が多いのです。もちろん親としてのメンツもありますね。

高齢者と一緒に歩くときに物理的な早歩きができないのと同じように、精神的にも早歩きはできないのだ、というふうに考えればわかりやすいのではないでしょうか。

また、「親のことは自分が一番よくわかっている」「誰よりも親のためを思っているのは自分だ」「親のケアは自分が一番よくできるはず」という考えを持ちがちな人は多いと思いますが、そういう姿勢を手放す必要もありますね。

高齢者に共通する特徴もある一方で、何歳になっても人それぞれの個性があります。子どもの意見に依存的になる親もいれば、いつまでも自分の価値観や判断で生きていきたい親もいます。そんな親を受け入れ、過干渉にならないことも、子どもとしての愛情だと言えるのではないかと思います。

自分から見た「理想的な（安全で、長生きできる）高齢者のあり方」に親をはめこもうとすると、それが親の気力を奪ったり、関係性を損ねる結果につながったりする、という可能性も常に頭に置いておきたいものです。

今回のお悩み

車の運転をやめさせたい

高齢ドライバーが起こす死亡事故のニュースを見るたびに、80代の父のことを考えます。「そろそろ運転をやめたら？」と言ってみるものの「まだ大丈夫だ」との返事。「鍵を隠す」「廃車にする」といった実力行使もあると聞きましたが、生きがいを奪うような気がするし、車がないと何かと不便な地方に住んでいることもあり、そこまでの強硬な手段は取りたくありません。ただ、何か起こった後では取り返しがつきません。自ら運転をやめてくれればベストなのですが……。

「喪失の否認」「経験の過信」に関わる問題ということで言えば、トップレベルに来るものの一つが運転問題でしょう。

確かに、本人の安全はもちろんのこと、他人の命にも関わり得ることですので、問題になるのも当然だとは思います。また、高齢ドライバーの事故のニュースを聞くということは衝撃をもたらしますので、「早く解決しなければ」という気持ちも駆り立てられます。

強硬手段で運転をさせない、ということも実際に行われるようですし、誰が見ても必要な状況であれば、そうしなければならないかもしれません。

しかし、それが親の尊厳を奪うように感じられる気持ちもわかります。

総論として、何かしらの問題（このケースでは、高齢化による反射神経や運動能力、判断力の低下）をもった人とのやりとりは、**ポジティブな提案は親しい身内がする**、そして**ネガティブな提案は専門性を持った第三者がする**、というやり方が望ましいと思います。

ネガティブな提案における身内の役割は、それを告げられて落ちこむ本人を支える、というようなことになるでしょう。

「専門性を持った第三者」というのは、具体的には、お父さんの主治医などになります。主治医に「何とか運転をやめさせたい」と相談してみるのも一つの手です。

主治医が、「お父さんは、まだまだ視力もよいし、判断力も運動神経もしっかりしているから、大丈夫ですよ。私からも、安全運転するように言っておきましょう」と言ってくれるのであれば、高齢ドライバーのニュースに振り回される心配は、かなり減るでしょう。

あるいは、主治医が「そうですね。そろそろ危ないですね」と言ってくれれば、「先生からお話しいただけませんか」と頼んでみてはどうでしょうか。その際の家族の役割も聞いてみるとよいと思います。

車が必要な地方で人をケアする仕事をしている専門家であれば、こういった問題のノウハウをそれなりに持っているはず。それを活用させてもらうのです。

高齢者は、権威のある人を尊重する傾向が案外強いものです。我が子の言うことなど「生意気」と聞かない人でも、主治医が言ったことはちゃんと聞く、というケースは少なくありません。

ポジティブな側面を聞いてみる

そのような存在の人がいないのであれば、お父さんが親しくしている人たちに相談してみるのもよいと思います。

免許を返納した人から自分の経験を語ってもらったり、「お互いに、そろそろ気をつけないとね」と話し合ってもらったり、車という手段がなくなった場合にどうやって楽しいつき合いを続けられるか、ということを相談してもらったりするのです。

たとえば、デイサービスを上手に利用している人が、「迎えに来てもらって、運転してもらって、友だちと遊んですごせるのだから、こんないい身分はない。どんどん利用したらいい」というようなことを言ってくれれば、「運転できなくなったときの自分」「高齢者サービスを利用するようになったときの自分」を、プラスにイメージしやすいでしょう。

今持っているものを手放しにくいのは、その先の自分がイメージできずに不安だか

ら、という理由も大きいと思うのです。

確かに、歳をとっていくということは、未知の領域に踏みこんでいくことですから、当然と言えば当然ですね。

ですから、すでに先を行っている人からポジティブな側面を聞くのは、とてもよい体験になると思います。

相談される人の立場に立ってみても、自分の子どもから直接「もう危ないから運転をやめなさい」「人の命を巻きこみかねない」などと言われるよりも、友人という「斜めの関係」からの相談事として聞いたほうが、防衛的になりにくく、我がこととしても考えやすいのではないでしょうか。

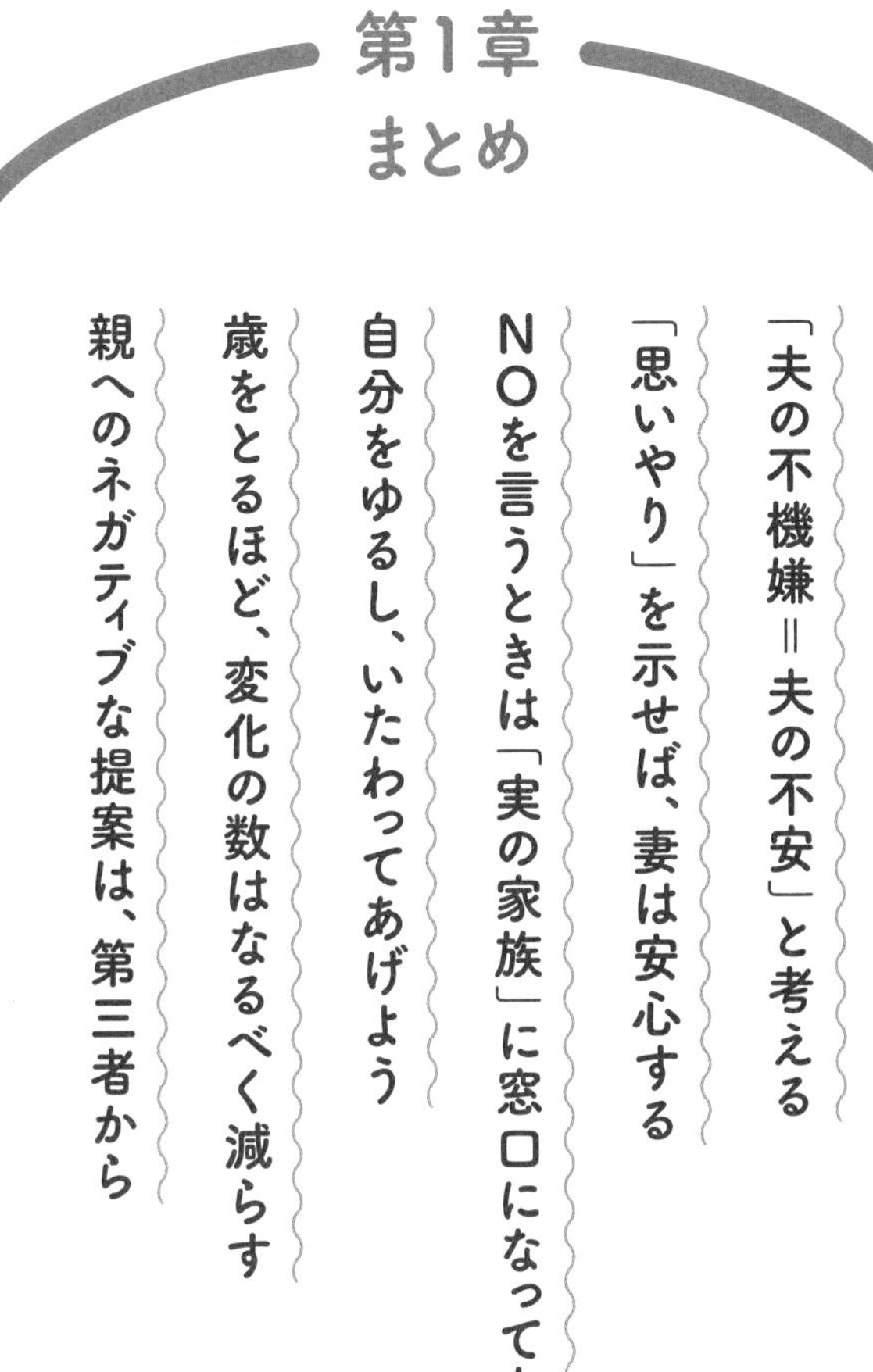

第1章 まとめ

「夫の不機嫌＝夫の不安」と考える

「思いやり」を示せば、妻は安心する

NOを言うときは「実の家族」に窓口になってもらおう

自分をゆるし、いたわってあげよう

歳をとるほど、変化の数はなるべく減らす

親へのネガティブな提案は、第三者から

第2章

「身近な人間関係」のくすり箱2

子ども・きょうだい編

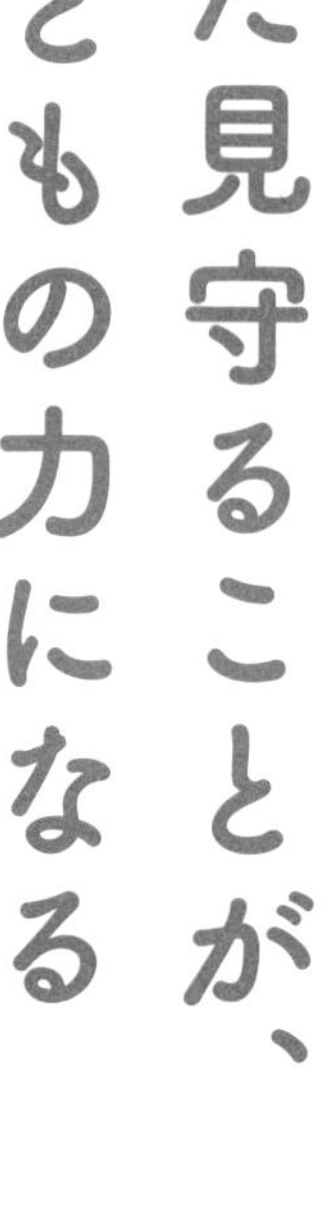

ただ見守ることが、子どもの力になる

子どもに嫌な顔をされる

成長した子どもと、どうつき合っていけばいいのでしょうか。

「スマホばかり」「部屋を片づけなさい」といった日常の些細なことにはじまり、進学や就職、結婚……などの大きな節目でも、いつまでも子どもである意識が抜けず、「こうしなさい」「～したほうがいいんじゃない？」などと言ってしまい、嫌な顔をされます。

かといって、何も言わないのは親として無責任な気もするし、自分も不安になります……。

親の役割は、子どもの年齢や成長に応じて変わってくるもの。

子どもが生まれたての赤ちゃんの頃は、泣き声などから、子どもが何を求めているのかを推測し、それを与えていくものです。

つまり、「なんでも先回りして考えて、子どもが快適に過ごせるように環境を作っていく」ということが親の役割になります。

その後、子どもは少しずつ成長していきます。泣く以外の自己表現をするようになるし、「自分でやる」と、なんでも自分でやりたがる時期も通ります。

親の役割は、子どもの成長段階に合わせて、子どもの成長を損ねないように、だんだんと子どもが「自分でやること」を伸ばしていく、ということになります。

そんな中では、失敗も前向きにとらえなければならないこともあります。

ヨチヨチ歩きの子が転ばないようにずっと抱っこしていたら、子どもはいつまでたっても歩けるようになりません。自転車の補助輪はずしもそうですね。

時には転びながら、自分なりのバランスを見つける、試行錯誤が必要なのです。これが顕著に表れるのが、思春期です。

思春期になると、子どもは親と距離を置きます。それまで絶対的な存在だった親を、疎ましく思ったり、疑わしく思ったりするようになり、むしろ友だちや先輩と親しくするようになるものです。

子どもは、親の価値観、親の人間関係の中で暮らしているものですが、思春期（反抗期）の中で、親と距離をとりながら、自分なりの価値観や人間関係を育てていきます。

そして、親も、絶対的な存在だったところから、「大切だけれど、なんでも絶対ではない」存在に落ち着いてくると、子どもは大人になったと言えるのです。

大人同士として話してみる

このような大きな流れを考えてみると、子どもが大人になったときの親の役割は、かなりわかりやすくなると思います。

基本的に、大人となった子どもに対しては、よほどの場合以外は**「親として」重い**

関わりはせず、むしろ対等な大人同士として尊重したほうが、それぞれの心の健康のためにプラスですし、子どもにも結果として大人に必要な責任感が育ってきます。

子どもが大人になってもなお、親が先回りして注意をしたり面倒を見たりしていては、子どもは本当の意味で大人になることができず、自分の人生に責任をとることができなくなります。

あるいは、子どもが本当に自立していれば、そんな親を「おかしい」と感じ、子どもから疎ましく思われるようになってしまうでしょう。これはそれ自体が寂しいことですし、後々、子どもの配偶者や孫との関係などに悪影響を及ぼしかねません。

日常の些細なことが気になるのであれば、それは、**「親として」ではなく「同居する大人同士として」の話し合いにしたほうがよい**と思います。

片づけにしても、共用のリビングなどを散らかしているのであれば、同居する大人同士としてのルールを作るとよいと思います。

その代わり、子ども自身の部屋は、親が立ち入らないほうがよい領域。散らかっていることが気になっても、口出ししないほうが結果としてうまくいく場合が多いと思います。

共用のスペースですらルールを守れないのであれば、子どもが自分の住まいを持つべきときでしょう。あくまでも、そこは親の家であって、大人になった子どもは、自分の部屋以外は「使わせてもらっている」立場だからです。

「散らかったら注意してもらえる」「スマホばかりやっていても親がストップしてくれる」などという、**子どものような環境を続けてしまうと、自分の行動に自分で責任を持ったり、自分の人生をきちんと考えたりする習慣がなかなかつかなくなってしまう**でしょう。

何も言わないのは親として無責任なのではありません。大人になった子どもに対して親として責任を持ちたいのであれば、「**あえて大人扱いする（つまり、やたらと口を出さない）」ことが重要**なのです。

否定せず、まずは話を聴いてみる

日常の些細なことについては口をつぐむとして、進学や就職、結婚など大きなテーマとなると「人生の先輩として」の立場で相談に乗ってあげるのもよいと思います。

あくまでも「人生の先輩として」相談にのるわけですから、それは、「こんな学校はだめ」「もっとよいところに就職しなさい」「あの人は結婚相手として気に入らない」などと感情論をぶつける形でないのがよいです。

親から見て「そんなのとんでもない！」と思う選択肢でも、よくよく聴いてみると子どもなりに案外よく考えている、と感心することも多いものです。

親は世間体を中心に、あるいは自分の時代の価値観に基づいて考えがちですが、子どもは自分の性格などをよくわかった上で考えていることもあるもの。

まずは「でも」「だって」など話を遮る(さえぎ)ることなく、じっくりと話を聴きましょう。

そして、そこに子どもなりの考えを見つけることができたら、「よく考えているんだね」と尊重してあげた上で、「人生の先輩としてはここが心配なんだけど、どう考える？」と、あくまでも対等な意識で問題提起をしてあげたほうがよいでしょう。

そんな形で決めた進路であれば、つまずいたときにまた相談してくれるはずです。

「そんなのとんでもない！」と否定から入ってしまうと、子どもはかえって意固地になってしまい、「自分がやりたいこと」よりも「親を見返してやること」を目標にしてしまうことすらあるのです。それでは幸せな人生から遠ざかってしまいますし、親としても望むところではないですね。

大人になった子どもは、親とは違う価値観や性格を持っているもの。時代背景も違います。ですから、対等な大人同士として、子どもから学ぶくらいのつもりがよいのだと思います。

もちろん、いろいろな悩みや挫折もあるでしょう。そんなときにも、「だから親の言う通りにしていれば……」という態度ではなく、「親は何歳になっても子どもの味方だからね」という姿勢を明確にしてあげましょう。

今回のお悩み

息子の就職が決まらない……

子ども（男）が大学四年生になり、就職活動をしています。ある人気業界を志望していましたが、不採用ばかり。受けられる企業も、ほとんどなくなっているようです。一度、「就職活動どうなの?」と聞いたら、「うるさいな!」と怒鳴られました。

「大学のキャリアセンターで相談してみたら?」とか「ほかの業界も受けてみたら?」と言いたくなるのですが、今はぐっと我慢しています。

どうやら就職留年や大学院を考えている気配もあり……。親は無力で、見守るしかないのでしょうか。心配です。


心配ですね。

でも、就職が決まらないことに誰よりも悩み焦っているのは、お子さんご本人だと思います。

「就職活動どうなの?」と聞かれて「うるさいな!」と感情的に怒るのは、自分でも困っている、最も痛いところを突かれる感じがするのでしょう。

人気業種に的を絞ってしまった自分を後悔しているのかもしれません。

「大学のキャリアセンターに相談してみたら?」とか「ほかの業界も受けてみたら?」などということは、おそらくお子さん自身がすでに考えたり、先輩などから助言されていたりしていると思います。

もしも、そうやって相談できる先輩などがいないのであれば、いずれ本当に行き詰まったときに親御さんに相談してくるのではないでしょうか。

その「相談」は「もうだめだ」などと投げやりな形をとるかもしれませんが、親御さんに助けを求めているという一つの表現型です。お子さんから助言を求めてくるのであれば、思いつくことを言ってみてもよいと思います。

それでも、ご相談の中で、お子さんの力を感じるところは、就職留年や大学院を考えている気配もあるというところ。

お子さんはちゃんと大人になっていて、「就職が決まらない」という事態を自分で切り開こうと思っているようです。

しかるべき相談相手にも相談することができているのでしょう。就職がうまくいっても、今時は、そのまま人生安泰というわけではありません。

何かにつまずいたりするたびに、自分で考えて生き延びる選択肢を決めていく、という能力は、これからの人生でも必ず役立っていくでしょう。

ですから、この局面を、単に結果がどうなるかという観点から見るのではなく、ちゃんと人に相談したりしているのだろうか、というところを見ておいたほうがよいと思います。

常に味方でいることを伝える

親は無力で見守るしかないのか、というご質問ですが、親は決して無力ではありません。

むしろ、どんなときにも子どもの味方、という意味では、とても力のある存在です。

お子さんが就活であまりにも不運なことに出遭ったり、就職できてもその後病気になったりするなど、どうしても必要なときには、実家に住まわせてあげたり経済的な支援をしてあげたりすることもあるでしょう。

「どんなことがあっても味方だよ」と言ってくれる存在は、本当に心強いものです。そして、そんなことを無条件で言ってあげられるのは、親くらいしかいないのです。

最も注意しなければならないのは、親の不安を押し付けること。それぞれの子どもが、それぞれの形やペースで成長していきます。

不採用ばかり、という就活状況に最も焦っているのはお子さん自身でしょう。

そこに親御さんの不安を上乗せしても、ご本人の不安が強まるだけです。

特に、「どうなっているの?」というタイプの質問は、不安な本人をさらに不安にするだけです。お子さんは本来のご自身の不安の上に、親御さんの不安のケアまでしなければならなくなってしまいます。

それよりも、親としては、「何かのときは相談に乗るから、言ってね」「今時は就活も大変なんだから、あんまり自分を追い詰めないでね」と伝えて、あとは「常に子どもの味方」という気持ちをしっかり持って見守るのが一番なのではないでしょうか。

子どもの「事情」を大切にする

子どもの成長に寂しさを感じる

最近、子どもに遠ざけられているようで、悲しい気持ちに襲われている……。これが親離れなら、親としては喜ばしいことなのでしょうが、現実に他人行儀な態度をとられるとつらくて、気持ちを切り替えることができません。

小さなころはあんなに甘えてくれていたのに。このまま子どもが離れていく一方なら、これまでなんのために子育てをがんばってきたのかと、虚しくなってしまいます。

親子というのは、本当に複雑な関係です。

小さい頃の子どもは、親に無条件の愛を与えてくれる存在。

「こんな人が自分の親でなければよかったのに」という思いを持つこともなく、また、「親にもいろいろ事情があるのだ」と思うこともなく、親のため息を見ると「もっといい子にしなければ」と思ったりする存在です。

虐待親に対してすら、「人間として許せない」と思うよりも、「もっといい子にすれば優しくなるはず」と思ったりするのです。

その後、思春期がやってきます。この時期は「反抗期」とも呼ばれるわけですが、それまで親の価値観や親の人間関係の中で過ごしてきたところから、自分の価値観と人間関係を築いていきます。

この時期は、親を疎ましく思い、友だちや先輩などに親近感を示します。これは決して「親の言うことを聞かなくなった悪い子」などではなく、「自分が大人になるために、親と距離を置いてがんばる時期」なのです。

この時期を通り過ぎると、子どもは大人になり、自分の価値観を築き（もちろん親の価値観の影響はかなり受けます）、親のことも「自分の人間関係」の中に位置づけることができるのです。

子どもは三歳までに親孝行をする

そうは言っても、子どもと親密に関わってきた親にとって、子どもが離れていくことはとても寂しいものです。

しかし、「子離れ」も「親離れ」も必要なこと。そうしないと、いつまでたっても子は本当の大人になることができないのです。

子育てを、「ギブアンドテイク」のように考えてしまうと、自分はあんなに与えたのに、という悔しさも出てくるでしょう。子どもが結婚して、親よりも配偶者を大切にする様子を見ると、憤りすら感じるかもしれません。

「子どもは三歳までに親孝行をする」などとよく言われているのは本当にそうで、小さい子どもはとてもかわいいし、親に頼り切っている姿も胸が温かくなりますね（もちろん物理的には大変なのですが)。

そうやって大切に育てた子どもだから、立派になってくれたのだ、と考えれば、「子離れ」して子どもの社会貢献を見守りやすくなるのではないでしょうか。

高齢になると、今度は子どもから助けてもらう立場になることが多いです。

そんなときも「子どものくせに」と思うよりも、「自分が育てた子がこんなに立派になった」と思えるとよいですね。

ここまでお話ししたように、**親と子の関係はいつまでも対等にはなりません**。でも、それで成り立つところが、親子なのだと思います。

今回のお悩み

娘が結婚したら、親の役目は終わり?

長年、実家にいた娘が結婚して、家を出ていった。もちろん、うれしい気持ちでいっぱいだが、なんだか寂しい。親としての役目が終わって、自分の存在意義を失った気がする。

大切に育ててきたお嬢さんが家を出て、自ら築いた家庭に集中していく。今は結婚する人も減っていますから、これはもちろんおめでたいことなのですが、手塩にかけて育ててきた親御さんにとっては、とても寂しいのは当然。

周囲には「ようやく結婚して家を出て行ってくれました」などと安心した顔を見せるものの（もちろん、実際に安心もあるわけですが）、明らかに**「喪失体験」**なのです。

喜べない自分を「認めて」「いたわる」

どんな変化も人間にとってストレスになります。それこそ、結婚のような「おめでたい変化」であっても。

そこには、いろいろな感情が出てきます。まずは、**「娘の結婚を完全に喜んであげられない自分」を認めてあげたらどうでしょうか。**

「お嬢さんとの生活」を失ったのは事実なのです。寂しい、悲しい、これからどうしたらよいかわからない、などの感情を抱くのは当然のことなのです。

まずは、**この時期、寂しくなるのは当然だと自分をいたわってあげてください。**寂しくなるのは、それだけ育児をがんばって立派なお嬢さんを育て上げた証拠なのです。しばらくは、寂しさや悲しみを「当然のこと」と思って、浸(ひた)っていると、だんだんとまた元気な自分が戻ってきます。

もちろん、お嬢さんが結婚したからと言って、親としての役目はまだ終わっていません。今どきは離婚も多いですし、配偶者からひどく傷つけられて実家に戻ってくる人も少なくありません。

もちろん、そんなことは露(つゆ)ほども望んでいないでしょうが、お嬢さんにとって、いつまでも親は親。本当に困ったときに助けてあげられるように、という心構えは大切です。

お嬢さんの様子に異変が見られたときや、SOSを求められたときは、親の本領を発揮して助けてあげてください。もちろん、必要とされれば、育児に手を貸すこともできるでしょう。

困ったときには助けてあげる。それはわかりやすいと思います。親はずっとそんなふうに生きてきているわけですから。

子どもの家庭に入りこみすぎない

しかし、それ以上に難しい課題は、お嬢さんの家庭に過保護に入りこまないように、というところです。**過保護に接してしまうと、お嬢さんの家庭づくりに悪影響を与えてしまう**と思います。

「一卵性母娘」などとよく言われますが、母娘の仲のよさに集中してしまうと、お嬢さんの夫（義理の息子）が疎外感を覚え、家庭づくりへのやる気を失うこともあります。

これはお嬢さんを寂しく満たされない気持ちにしますし、後々、生まれてくるであろうお子さん（お母さんにとってはお孫さん）にとってもよくない関係です。

子どもにとっては、両親の仲がよいことが、とても大切です。

ですから、「君はお義母さんばかりと子育てしているじゃないか！」「だってあなたは仕事ばかりでしょう！　頼りにならないわ」みたいな言い争いを、子どもに見せないでいただきたいし、そもそも普段から夫婦のコミュニケーションを大切にしていれば、そんな修羅場（しゅらば）を演じなくてもすむと思います。

自分の人生を楽しんでみよう

子育てに専念していた人にとって、確かにお子さんの独立は、「存在意義を失った気がする」ものでしょう。

でも、これは人生で必要とされる、大きな変化なのです。お嬢さんのことは遠くから温かく見守ると同時に、「一人の人間である」自分のことをよく考えてみましょう。

お子さんがいなくなった直後は「何もなくなった」と感じるかもしれませんが、子育てに犠牲を払ってきたのは事実です。その一つが「子どもを気にして、いつも自分が二の次になる」ということでしょう。

ここからは、一人の人間として人生を楽しむ時期。地域活動、趣味の集まり、旅行など、なんでもよいのです。

実は、お嬢さんも「親を寂しがらせているのではないか」と罪悪感を抱いていることがあるのです。ですから、**人生を気楽に楽しんでいる親御さんを見れば、お嬢さんも安心するはず**です。生活を共にしなくなっても、親子関係はずっと続くのですから。

次のお悩み

孫を楽しみにしていたのに

一人息子夫婦は、「子どもはいらない。夫婦の時間を大切にしたい」と言う。口には出さないが、孫を楽しみにしていたので、とても残念。「夫婦のことは本人たちが決めること」とわかってはいるが、心の折り合いがつかない。

息子さんが、そこまではっきりおっしゃっているのであれば、現時点では何もできないですね。

「夫婦のことは本人たちが決めること」という理解をお持ちだというだけで、よい親御さんだなと思います。中にはことあるごとにネチネチ言って、子ども夫婦を傷つける人もいますから。また、DVが珍しくない今、配偶者を大切にできる人は貴重です。

もしかしたら、息子さん夫婦も、年月の中で「やっぱり子どもがほしい」となるかもしれません（私自身も、20代は「子どもはいらない」と思っていましたが、30代に二児を得て、本当に幸せな子育てをさせていただいています）。

呼び水としては、何と言っても「大変なときは子育てを手伝うから」でしょう。

ただ、それを「義母に子どもをとられる」と感じる女性もいますので、「子育て経験が豊富だから」という態度ではなく、「あなたたちの方針に従うわよ」ということを明確に伝えればよいと思います。「理想的な子育て」の在り方は、年代によって変わってくることも多いからです。

すべての人に「事情」がある

そうは言っても、子どもを持つかどうかは、もちろん本人たちが決めること。

すべての人が、それぞれの「事情」を抱えて生きています。親が知らない何らかの事情を、抱えているのかもしれません。

望まない妊娠をしても、育児の質がどうなるだろうか、ということは心配です。あるいは、子どもを持つことを決めたけれども、どちらかの要因によって妊娠できない、ということがわかるかもしれません。

もしかしたら、すでに検査済みで、「子どもはあきらめよう」と二人で決めたのかもしれません。

不妊と言うと、実態は男性不妊であっても、たいていの場合「女性が悪い」という話になりますので、それを避けるための方便が「夫婦の時間」なのかもしれません。

このあたりは、当事者でないとわからないですね。いずれにせよデリケートな問題ですから、親のほうから問いただしたりはしないほうがよいと思います。

自分に「気の毒だね」と声をかける

ここはいったん、**手放しのプロセスが必要**なのだと思います。今後のことはわかりませんが、とりあえず現時点では「孫が生まれるはずだった人生」から「孫のいない人生」に変化した、ということだからです。まずは、その**変化に適応する必要**があります。

まずは、なぜ自分は「孫がほしい」と思ってきたのか。その理由をよく振り返ってみてください。

そして、その理由が正当なものだと思えば、**「夢が果たせなくて気の毒だね」と自分に声をかけてあげてください**。信頼できる人に話を聴いてもらってもよいでしょう。

今後どうしたいのかを考えてみる

あるいは、血縁でなくても、赤ちゃんや小さい子が好き、ということなのかもしれません。そうであれば、子育てのボランティアなどに積極的に参加することができます。

おばあちゃんどころか、親にも恵まれていない子どもたちはたくさんいます。子育て経験を生かして、そういうところで活躍してみるのも一案です。

また、「老後は孫の世話」と決めていた方であれば、生き方の大きな転換になりますね。**自分自身が老後をエンジョイするには何をしようか、と考えてみる機会にもなる**でしょう。

子育てをがんばってきた人にとって、「孫」を持つことは当たり前の未来だったのでしょうが、ほかの分野で、より広い目で、子どもたちの成長を支えてあげたいですね。

お子さんは、おそらく「母に孫の顔を見せてあげられなくて申し訳ない」という気持ちをどこかで持っているでしょうから、**お母さんが生き生きと活躍している姿を見ると安心される**と思います。

次のお悩み

息子と仲直りしたい

一年前に、進学に関する意見の食い違いから、息子と口論となり、それ以来、お互いまったく会話がなくなってしまった。もともと息子とは相性がよいとは言えず、共通の話題もまったくない。このままではいけないと思うが、仲直りをするきっかけがない。

親子となると、どうしても「相手のためを思って」の心配が強くなってしまうので、ほかの人間関係であれば入りこまない領域にまで入りこんでしまったり、強い表現になってしまったりすることもありますね。

口論の後まったく会話がなくなったということは、「価値観・人生観の違いが明確になった」ということ以上に、「そのときのやりとりで傷ついた」「今後、どういうふうに会話していけばよいかまったくわからなくなってしまった」ということなのではないかと思います。

口論は、人を傷つけるものです。進学のように人生に関わることについての口論の場合には、特に、お互いの人生や人格そのものを否定し合うような要素が含まれがちです。

「お前の考えは甘すぎる」「お前は社会をわかっていない」「お父さんのような人生は送りたくない」「お父さんのそういうところが尊敬できないんだ」など、つい白熱して口論している間に、思わぬ形で相手を傷つけてしまうこともあります。

現状を、「対立構造が続いている」と見ると身構えてしまいがちですが、「口論で傷ついた息子が、父親を味方だと思えなくなっている」と見れば展望が開けると思います。

親はいつでも子どもの味方でいるつもりであっても、子どもが常にそういうメッセージを受け取っているわけではありません。特に激しい口論の中、「お前の考えは甘い」などと言ってしまうと、子どもは自分の人格を否定されたと思いますし、「親は自分を嫌っている」とすら思うことがあるのです。

子どもは大きくなっても親に認められたい存在であり、「親が自分をどう思うか」

に敏感なものです。「何があっても親は自分の味方でいてくれる」と思えることほど、子どもの力になるものはありません。

味方になるということは、何でも無理を聞き入れるという意味ではありません。子どもは子どもなりに成長しながらいろいろと考えているものです。ですからまずは子どもが何を考え何をしようとしているのかじっくりと聴き、尊重し、できる範囲でサポートしていく、そして見捨てることはしない、という感じでしょうか。

共通の話題がなく、会話が難しいという問題は、特にお父さんとお子さんの間に少なくありません。

共通の話題でお喋り（しゃべ）りできる親子は確かによいものでしょうが、親の役割は決してそれが本質ではありません。

親の役割の本質は何か、というと、やはり「どれほど意見が異なっても、どんな状況になっても、子どもの味方」ということになるのではないでしょうか。もっと気の合う人もいるだろうし、限られた期間であればもっと親しくなる人もいるでしょう。でも、人生にわたって、無条件にお子さんの味方でいられるのは、やはり親なのだと思うのです。

もちろん親にも気恥ずかしさなどはありますから、「前はごめんね」などといきなり打ち解けるのも難しいでしょう。そもそもお喋りを楽しめる関係性ではないわけですから、気楽な会話で解決するのは目標としないほうがよさそうですね。

きっかけ、というものを考えてみると、たとえば食事の席などで一緒になったときに、一回だけ勇気を出して「前は言い合いになってしまったけど、ちゃんと認めているよ」と言ってみる。あるいは、お子さんの何かの節目に（進級、卒業、就職など）「父はこれからも応援しています」というような手紙を書いてみる。

お子さんの立場から見れば、「自分という存在を親に否定された」というダメージが残ると、今後の人生を左右しかねないことになってしまいます。

ですから、日頃の楽しい会話はなくても、「親は自分の味方で、見守ってくれているんだ」「あのときは言い合いになったけれども、自分の言い分を受け入れてくれているんだ」とお子さんが知っておくことが、望みうるベストなのではないかと思います。

「きょうだい」は、他人の始まり

「きょうだい」とは、どうつき合う？

きょうだいそれぞれが家庭を持ち、普段はお互いまったく連絡を取り合っていません。親が元気なうちはよかったのですが、母の介護や父が亡くなるという事態が起こってから、関係がぎくしゃくしています。特に、お金が絡(から)むと、こじれます……。

私自身、子どもの進学を控えていたり、仕事が忙しかったりと、心身ともに余裕がなく……。歳を重ねてから、きょうだいと、どのようにつき合っていけばいいのでしょうか。

きょうだいは他人の始まり、とも言われます。

たまたま同じ親から生まれただけで、性格がまったく合わないということも少なくありません。

また、親の扱いによっては、きょうだいに嫉妬することもあるでしょう。自分のほうが親から大切にされていないと思うと、自己肯定感も下がってしまいます。

それでも、同じ世帯に住んでいる間は、いろいろと関係性があります。しかし、大人になって、それぞれの生活を持つようになると、親しい友人よりも距離を感じることが増える場合も少なくないと思います。

もちろん、頻繁(ひんぱん)に連絡を取り合って親しく歳を重ねるきょうだいもいますが、必ずしもそういうわけにはいかないのが複雑なところです。

友人よりも疎遠な関係の人と、介護や相続などの複雑な問題で協調するのは難しいことでしょう。

確かに、親がいる間は、それでも親を介して何となくつながっているものの、親が亡くなると「家族」という意識も薄れてしまうでしょう。

親が生きている間は、親への「義理」として集まったりするものですが、親がいなくなったら親孝行をする必要もなくなります。

ですから、**「きょうだいだからうまくやる」ということを目標にするのは非現実的**だと思います。もちろん、現実に仲がよいのなら、それはそれですばらしいことだと思いますが。

まずは、自分の家庭を大切にする

介護や相続という「面倒な話」に関しては、幸い社会的にそれを担(にな)ってくれる人が存在します。相続は弁護士などに相談すれば、案外てきぱきと解決してもらえます。

ご指摘のように、お金が絡んでくると話はややこしくなるもの。相続には、「私のほうが親の面倒を見たのに」といった感情論を持ちこまないことが、とても大切です。そのためにも、冷静に、プロフェッショナルに取り組んでくれる第三者が必要なのです。

それを「冷たい」と感じる必要はありません。相続は所詮相続。親から特別の遺言があるのでなければ、プロに任せて合理的に話を進めるべきでしょう。

介護でしたら、デイサービスやグループホームといった社会的介護を活用することができます。

介護については家族の協力を求められることもありますが、それがいかに難しいかを説明し、あるいはご自身の家庭の困難を説明することによって、理解を深めてもらえるのではないでしょうか。

実際に、介護は、社会的介護に任せる風潮が世間的に進んでいます。**子どもは、時々顔を出して、「親をおろそかにしていない」ということを伝える程度で十分**なのです（第1章「介護の難しさは、分割して考える」参照）。

親のことは自分が一番よくわかっている、親の介護は自分が一番うまくできるはず、と思う人は多いのですが、そのような考えが介護うつにつながることもありますし、介護はプロに任せたほうが結果的にうまくいくことが多いです。どうしてもそれでは気持ちがおさまらない、ということでしたら、身内でやる範囲をきょうだいで合意できる程度に決めて、それだけをやるようにしてください。

ご自分の家庭を犠牲にしてまで、親御さんの介護にとらわれる必要はないと思います。親御さんも、そんなことは望んでいないのではないでしょうか。

きょうだいだからわかりあえる、きょうだいだからうまく協力できる、という思いこみを手放せば、道が開けてくると思います。

きょうだいが、それぞれの家庭を大事にするのは大切なことです。

我が子にとって、親（ご相談者）はかけがえのない存在なのです。社会的介護を利用し、それなりに余裕を持って子どもと向き合える親に育てられた子どもと、親からの愛情を感じられずに心を病んでしまう子どもには、明らかな差があります。

そのようなことをしっかりと心に刻んで、極端ですが「**親よりも子ども**」くらいの気持ちを持てるとよいと思います。

うまくいかないことを悲観しない

社会的介護に委ねた結果、親が亡くなると、「もっとできたはずなのに」と罪悪感を覚える人も少なくありません。もちろん、親に対しては感謝を含め、いろいろな感情があるでしょう。それは心の中で弔っていけばよいものです。

たとえば、親戚同士や、親が親しかった人と、いろいろな思い出話をするのは、とてもよいことです。

つらすぎる、と感じるかもしれませんが、親を「ただ亡くなってしまった人」ではなく「生前、本当にいろいろなことをしてくれた人。ときには嫌なところもあったけれども」と思い返すことによって、「悲しみのプロセス」は進みます。

自分の子どもたちが介護や相続でもめるよりも、生前の自分を大切にしてもらうことのほうが、親にとってはずっと幸せだと思います。

そして、親が自分にしてくれたように（あるいはそれ以上に）自分の家庭を大切にしていけば、親は喜んでくれるでしょう。

歳を重ねたきょうだいとのつき合いは、「うまくやらなければ」と自分にプレッシャーをかけるのではなく、社会的サービスをうまく使ってください。そして、「**きょ**

うだいは他人の始まり」なのですから、うまくいかないことを悲観しないでください。

一人ひとりに、自分自身の人生を歩む権利があります。それを自分にも、きょうだいにも与えてあげるのが、とても大切なのではないでしょうか。

そう考えると、それはほかの親戚など、「形としては近いけれども、それぞれの人生を歩んでいる」人たちにも応用することができるのではないかと思います。

嫌な気持ちで顔を合わせるよりも、相手の幸せを願うことのほうが、ずっと愛情に満ちているのではないでしょうか。

今回のお悩み

実家がなくなっていくのがつらい……

実家で80代の母（介護はなし）と同居する60代の兄夫婦。父が亡くなった直後から、これまでずっとやってきた米作りを相談もなくやめてしまい、どんどん田畑を売っています。

兄は派手好きで、手にしたお金（?）で、次々と車を買い替えたり、孫たちと海外旅行に行ったりしています。一度、文句を言いましたが、言い合いになり険悪な雰囲気に。最近は母に会う機会も激減しました……。

「実家がなくなる」ということは、現実的に人がいなくなって実家が処分される、あるいは考え方の合わないきょうだいが継ぐ、というようにいろいろな形で起こりますが、いずれにしても人に大きな寂しさを与えるものです。

実際には普段から頼っているわけでなくても、「何かあれば実家に」という感覚が失われるからです。人生の基盤のように思っているからでしょうね。

この方の場合は、お母様はご健在。しかし、主導権がお兄さんに握られてしまい、ご自分の実家を失ったと思われているわけです。

文章から察するに、お兄さんは「そういう性格の人」なのだと思います。浪費癖というのはある程度先天的に決まっていて、そうでない人から見るとおよそ理解できないように感じられるものなのです。

ですから、浪費についてお兄さんに注意をしても、逆上されるだけでしょう（浪費癖がある人は、感情的になりやすい場合が多いです）。実際、言い合いになっていますね。浪費癖がある程度先天的に決まっているからといって、この社会に生きる大人として、もちろん責任は自分でとらなければなりません。ご実家のお金を使い果たしてしまったら、実際に困るのはお兄さんです。

線を引くとすれば、「浪費癖をやめさせる」というところではなく、「仮にお兄さんが困っても一切援助しない」というところではないでしょうか。

他人は変えられないもの。変えようとすると、何かしらネガティブな結果が待っているものです。むしろ、見守らなければならないことのほうが多いのです。

ですから、ここで要求するのは、お兄さんのあり方を変えることではなく、「将来お金に困っても一切援助しない」と明確にすることと、「定期的にお母さんに会わせること」を約束してもらうこと、ではないでしょうか。

ご自身の現在の生活が安定しているのであれば、相続に執着する必要もないと思います。「実家のお金が減っていく」ことについては、ご本人もあまり気にしておられないようですね。むしろ、「米作りをやめてしまった」「田畑を売ってしまった」など、実家の形が変わっていくことのほうが「実家がなくなっていく」と感じられているのだと思います。

しかし、考えてみれば、お兄さんもお母さんの子ども。こんなふうになってしまったのも、ご家族の必然なのだと思います。そう考えれば、少しは受け入れやすくなるのではないでしょうか。

「きょうだいなんだから」を手放す

「いつも、実家に帰れば、田畑があって米作りをしていた」という郷愁的な思いは、理解しやすいものです。お兄さんに何か言うとしたら、浪費の部分ではなく、その部分のほうが受け入れられやすいと思います。

そして、子どもの頃の思い出話などができれば、浪費はやめなくても、「きょうだい」を感じることができるかもしれません。

ただ、もしかすると、それもできないかもしれません。「田畑があって米作りをする」というのは、離れたきょうだいから見れば「変わらない、温かい実家」なのでしょうが、それを守っていく本人にとっては、まったく違うふうに感じている可能性もあります。

特に、お兄さんが生来の「浪費癖」を持っているのだとしたら、質素な生活はとても耐えられないのかもしれません。今まで我慢をしてきた分、人生を謳歌したいのかもしれないと思います。

「実家を同じように保ってほしい」というのは部外者の願いであって、当事者にとってはかなりのプレッシャーになるのかもしれません。

お兄さんを「きょうだい（身内）」と考えている間は、現状は耐えられないし、変わってほしいでしょう。

しかし、本来浪費癖があるのにずっと地味な米作りで我慢してきた一人の男性、と考えると、ある程度理解できるのではないでしょうか。

お兄さんにはお孫さんがいて60代とのことですから、それなりのお歳です。現在の状況は、今までの反動なのかもしれず、いずれ収まるかもしれません。

もしも収まらなくても、先ほどお話ししたように、「将来お金に困っても一切援助しない」と「定期的にお母さんに会わせること」だけを要求して、それ以外の一切の**「きょうだいなんだから」を手放すほうが、気持ちが楽になる**と思います。

第2章
まとめ

親の不安を子どもに押し付けない

どんな変化も、人間にはストレスになる

人には、それぞれ「事情」がある

いつまでも「味方でいる」と子どもに伝える

他人は変えられない

第３章

「友だち・仕事関係」のくすり箱

仲のよかった友人と話が噛み合わない

友人が変わってしまった？

学生時代に仲のよかった友人やかつての職場の同僚など、前はあんなに仲がよくて、一緒にいて楽しかったのに、久しぶりに会うと、様子が変わっていたり、話が噛み合わなかったりして、「あれ？」と感じることが増えた気がします。

なぜ、こんなふうに感じるのでしょうか。昔のような関係には戻れないのでしょうか。歳を重ねてからの友人とのつき合い方に、いい方法はあるのでしょうか。

人生は人それぞれ、本当にさまざまです。

それでも、学生時代は、比較的同じような環境や条件のもとで、共に学び、好きな先生がいて、嫌いな先生がいて、部活をし、合宿、修学旅行、初恋の打ち明け話、将来を語り合うなど、まさに人生の輝かしい時期。

仲間意識を強く感じますし、信頼関係も築きやすいでしょう。

ずれを感じるのは、当たり前

社会に出ると、それぞれの道を歩むことになります。仕事をするにしても、本当に人それぞれ。

最近では「勝ち組」「負け組」という言葉もあるくらい、社会的成功度や生活環境は、人によって変わってきます。

信頼して入った企業が倒産、などということもあります。リストラされることもあるでしょう。業績不振で思ったような収入を得られないこともあります。

家庭に入って家事専業となる場合でも、さまざまでしょう。それこそ「セレブ」の結婚もありますす（一応申し上げておきますと、本来の英語の「セレブリティ」の意味は、単なる「有名人」で、お金持ちであるかどうかは関係ありません）。

一方で、内職をしながら懸命に家庭を支えている女性もいます。

同じ主婦であっても、家庭環境によってもちろん視点は変わってきます。こんな人たちの話が合うのでしょうか？

「今度ね、カリスマ料理人の○○さんを招いてガーデンパーティーをするのよ。よかったらどう？　あら、でもお洋服がないかしら」などという、とても嫌なシーンが起こるかもしれません。

私生活は経済力だけではありません。家族が病気になった、子どもがいじめに遭ったり不登校になったりした、家族が経済的問題を抱えた、など、自分以外の身近な人のために悩ましい問題を抱えることも出てきます。

あるいは、とても大切な人を亡くす、などということもありますね。

そういう問題をまったく抱えていない人とは、当然話も合わないでしょう。

歳の重ね方も人それぞれです。「歳をとったら、ますます人生が楽しくなってきた！」という人もいれば、「歳をとることは失うことばかり……」と思っている人もいます。

歳をとる中、健康を害していく人もいれば、いつまでたってもピンピンして元気な人もいます。それぞれの感覚が異なるのも、当然でしょう。

学生時代は、まだ社会を知らない分、価値観が近いと感じる人も多いでしょう。よほどの事情を抱えている人でなければ、これからの未来に期待や緊張を抱えている、というような心情も共通しているものです。

誰かの親が仮に裕福であったとしても、妬（ねた）むというよりも、その財産を利用させてもらって、別荘を借りてスキーを無邪気に楽しんだりすることも少なくありません。

その頃に比べれば、**生活環境が多様になる「その後」は、ずれが生じてきて当然**です。

老後に向けての感覚も、ある程度の歳になるとずいぶん人それぞれになってきます。健康上の不安や経済的な不安を強く感じている人と、経済的に悠々自適（ゆうゆうじてき）な人とでは、感じ方がまるで違うでしょう。

このように考えてくると、**話が噛み合わなくなるのは、当たり前**のことだと思います。

そうは言っても、旧友は大切な財産とも言えますね。

では、どんなふうにつき合い方を考えていけばよいのでしょうか。

もちろん、似たような感覚を持っている人とは、今でもよい友人関係を維持できるでしょう。

同じような病気を抱えている、子育てについて同じような悩みを抱えている、などということであれば、話も弾（はず）むと思いますし、旧友だからこそ心を許して打ち明けられることもあるはずです。

そうではない人とは、どうしたらよいのでしょうか。

「学生時代は共通することが多かった」ということが、ヒントになります。

学生時代のさまざまな思い出は、いつまでたっても大切な財産。当時仲がよくて楽しかったということは、その後がどうなろうと、変わらぬ事実です。

ですから、**どんな人とも、当時の思い出話をすれば、話が弾み、つながりを感じることができる**と思うのです。

「あんなことがあったね」「あれは楽しかったね」「若い頃だからあんなことができたんだね」などという話は、年代を超えて、永遠に楽しめるものなのではないでしょうか。

現在裕福で何不自由ないように見える友人でも、「親父から継いだ会社はきついんだよ。俺より年上で仕事をよく知っている部下がいるだろ。俺、本当はもっと平和な生活をしたかったよなあ」などと打ち明けてくれるかもしれません。それができるのは、旧友ならではです。

また、「あれ……?」と思うような相手には、そのように至った事情があるはずです。

「なんか、前と変わったね。前はもっと強気だったよね。何かあったの?」というように話を聴くことができれば、共感することもできるかもしれません。

みんな事情を抱えている

「かつてのような関係に戻る」ことを目標にするのは、人生を逆行するようなものであるとも言えます。

学生時代のように単なる仲間意識を感じられたときとは違って、**それぞれがいろいろな事情を重ねて大人になった**のです。

「さすがにこの人の価値観だけは受け入れられない」と思う人とは、かつてどれほど仲がよかったとしても、無理してよい関係を保とうとする必要はありません。

せいぜい、無難な思い出話をする程度でしょう。

でも、「学生時代仲がよかった」「昔の相手を知っている」という基盤があると、その後の相手の事情に対して心を開きやすいというメリットもあります。

「もともと親分肌だったから、無理して部下の責任を引き受けてしまって、大変なことになったんだな。この人らしいな」などという考え方もできるでしょう。

もちろん、お金を貸したりはできないだろうけれど、「お前のことを、信じているよ」「応援しているよ」「たまにはうちにメシにおいでよ」などと励ませるはずです。

今回のお悩み **友人との会話がちぐはぐになった……**

学生時代から仲のよかった友人と、この前、久しぶりに会ったときのことです。

彼女が自分のことを「私、ズボラだからねー」と言ったので、何気なく「そうだねー」と返しました。すると、「何よ！」とムスッとされました。

昔はこんなことはなく、漫才のようにボケたりツッコんだりしていたので驚きました。ほかの話題でも「はあ？」と言い返されたり、自分のことばかり一方的に話してきたり……と、まったく楽しくありませんでした。友人が遠くなった気がして寂しくなりました。

詳しい事情はわかりませんが、「ズボラ」という言葉のニュアンスが、彼女にとってはかつてと変わってしまったのかもしれませんね。

「何よ!」とムスッとする、「はあ?」という受け答え、自分のことばかり一方的に話す、という姿勢からは、彼女があまり寛容ではない印象を受けます。

「ズボラ」のニュアンスが変わってしまった、寛容ではない大人になってしまった。その背景となる事情が何かあったのではないでしょうか。

寛容になれないときは、往々にして、自分に余裕がないとき。

また、何かを決めつける姿勢は、自分自身が「べき」を押し付けられて幸せではないことを表す場合が多いです。

きっと、あまり幸せではない人生を送っているのではないでしょうか。

他人に対して寛容でない人は、自分についても寛容でない場合が多いもの。人から批判されたり、自分が努力した結果がうまくいかなかったり、現在進行中の悩みがあったり、など、さまざまな可能性が考えられます。

これらはすべて、彼女側の事情です。関係性が変わったことについて、ご相談者には何の責任もありません。

確かに寂しいことですから、寂しさを感じるのは当然でしょう。

でも、それ以上の意味付けをする必要はありません。

彼女にもっと余裕ができるまでは距離を置く、そして今の自分がもっと楽しく過ごせる相手と関わっていく。

それしかないのではないかと思います。

今に合った関わり方を見つけよう

それにしても、「かつてのような関係に戻りたい」と感じるのは、懐かしさから人情として当然のこととは理解できますが、なぜ人はそう思うのでしょうか。

一つは、青春時代のきらめき、という要素があると思います。

学生でなくなると、いろいろな形で社会的責任を背負うことになり、やりがいがあると同時に、苦労も感じます。妥協しなければならないことも少なくありません。

そんなとき、理想論を一緒に交わし、特に女子学生であれば名実ともにベタベタ仲よくできた学生時代の友情は、とても輝いて、ほっと感じられるものですよね。

現在の違和感の背景には、それらを喪失してしまった、という残念な思いもあるのかもしれません。

でも、歳を重ねるというのは、そういうこと。

そして、若々しい理想論だけではない、さまざまな人間理解も深まります。**人の事情に対して寛容にもなってくる**ものです。

そんなふうに成長した今の自分で、「かつて仲がよかった」「昔の相手をよく知っている」という特別な人たちと、相手によって濃淡はあっても、今に合った関わり方を見つけられるとよいですね。

ご相談のお友だちとは、しばらく距離を置いたらどうでしょうか。相手が変わらなければ、自分の人生の質が落ちるだけです。

でも、相手が変わってしまった本当の理由（何かしらの不幸）がわかれば、支えてあげられるかもしれません。

それは何年先になるかもわからないし、その情報がどこからもたらされてくるかもわかりません。今の彼女からは引き出せそうもないですね。

いざとなったら「旧友」を助ける。すばらしいことではないでしょうか。

「女」度を下げて、派閥争いを生き抜く

女性の派閥争いがしんどい……

職場、地域社会、ママ友など、女性の多い場での派閥争いが苦手です。「派閥なんて、くだらない」と思うものの、仲間外れにされ孤立するのも怖くて、何となくグループに所属してしまいます。

女性が多い場での派閥争いは、仕方のないことなのでしょうか。できれば、「中立」「われ関せず」の立場をとりたいと思うのですが、小さなコミュニティだと、なかなか難しく……。

派閥を作って、そこに入らない人を疎外する。これは、いわゆる「女の面倒なところ」と言われますね。

だからと言って、すべての女性がそういうわけではなく、いろいろな人の事情を慮りながら、大人として、どの派閥にも与しない人もいます。

この派閥問題（「群れて、敵味方を峻別する」という特徴）も代表例ですが、嫉妬深い、比較する、陰口をきく、など、いわゆる「女の嫌なところ」と言われているものを、私はカッコつきの「女」と定義しています。

「女」は男性にも見られる特徴であるし、女性であっても「女」度がほとんどない、という人もいます。

さて、「女」の扱いには注意が必要です。

「女」は脅威に敏感です。

ですから、ちょっとした意見の違いをもって「敵」とみなされ、意地悪されたりすることもあるのです。

「自分と意見が違う＝自分が否定された」と感じてしまうのです。

派閥対立に巻きこまれずに穏やかに生きていくためには、もちろん派閥に入らなければよいのですが、小さいコミュニティだと目立ってしまいますね。

「派閥対立をくだらないと思っている」という「意見の違い」をもって「敵」とみなされかねません。派閥対立に一生懸命の人にしてみれば、それをくだらないと思っている人の存在は脅威なのです。

小さなコミュニティで疎外されるのはつらいですね。どう生き延びていったらよいかというと、二つ考えられます。

①締め付けのきつくない派閥に属す

一つは、**できるだけ締め付けのきつくない派閥に属して、派閥意識を丸出しにしないこと**、です。

たまたまその派閥の一員だけれど、ほかの派閥の人を「敵」と見ないこと。ただし、それを目立った形でアピールしないことです。「裏切り者」のレッテルを貼られかねないからです。

派閥に熱心な人たちを否定したり軽蔑したりしないように、自分の評価を手放すように意識してみましょう。

実際に、「女」の言動を見ているとうんざりするかもしれませんが（「女」はどうやって作られるかは次ページでお話しします）、**うんざりするような「女」の言動のエネルギーは不安であり、たくさんの傷を負った結果なのです。ですから、安心させたほうが「女」の癒しにもつながります。**

そのような立ち位置であれば、あまり大きな失敗はないと思います。

②「自分は脅威ではない」とアピールする

もう一つは、完全中立型です。つまり、**派閥に属さない**、ということです。その立場がベストだと思う人は多いと思いますが、この場合には、ちょっと演技をする必要があるでしょう。

どういう演技かというと、「私、変わっているから」「私、気が利かなくてテンネンって言われるの」みたいに、**「あなたたちがおかしいのではなくて、おかしいのは私**

です」というふりをするのです。

中立でいることのリスクは、「派閥的なものをバカにしている」と思われることです。

確かに、派閥で群れないで独立している人は大人です。「大人の女」は、より未熟な人たちから見ればかなりの脅威です。

ですから、自分は脅威ではありませんよ、ただ変わっているだけですよ、テンネンだから気が利かなくてごめんなさい、というスタンスでいれば、敵視されるリスクは減るでしょう。

「派閥」＝傷ついた、不安な心の集団

「女」は脅威に敏感だということを先ほどお話ししました。それは、歴史を考えれば理解可能なことです。

男性中心社会では、「どれだけ有力な男性に選ばれるか」で自分の立場が決められ

てきました。

男性にとっては仕事、女性にとっては結婚が大きな意味を持ってきたので、**「誰に選ばれて結婚するか」が、女性の場合、そのまま自分の人生の質につながる側面があるから**です（今でもそういう考え方は多くの人に見られます）。

今は以前ほどではないと言っても、たとえば、職場でのし上がっている女性は、実力は確かにあるにせよ、誰か有力な男性上司に目をかけてもらって引き上げてもらっている、という例が多いのではないでしょうか。

また、有名芸能人の結婚などの際に、そのパートナーが嫌われがちなのも、大げさに言えば「自分ではなく、その人が選ばれたから」なのです。

「女」が脅威に弱いのは、「自分は選ばれないのではないか」という不安が背景にあるからと言えます。

それは、派閥の中では「誰も抜け駆けしていないよね?」という締め付けにつながり（その場にいないと陰口の対象になります）、派閥間では「どちらのほうがより有力な派閥か」が争われるのだと思います。

「女」度の高い人たちとのつき合いは全般に面倒ですが、**「自分は選ばれないのではないか」という不安を抱えた人、として見れば、見え方も変わってきます**。「あなたを脅かす存在ではないですよ」ということを、いろいろな形で伝えてあげれば、「女」も癒えてきます。

よく「女同士の足の引っ張り合い」などと言われることがありますが、大きく見れば、**女性は、「誰に選ばれるかで自分の価値が変わってしまう、という運命を背負った被害者」**なのです。

「女」をバカにすることなく、自分が敵視されることなく、**自分の「女」度を下げて生きていくことができれば、それは大きな目で見て「女」の癒しにつながっていく**でしょう。

目の前の「女」や、その群れである「派閥」にうんざりしたくなる気持ちもわかりますが、傷ついた、不安な心の集団、と考えれば、評価を下すことなく、「私は違います」アピールをするでもなく、「女」の癒しに向けて生きていけるのではないでしょうか。

今回のお悩み

両方の派閥から嫌われました……

新しい職場で、女の派閥争いが強烈です。二つの大きな派閥があり、互いのことを悪く言ったり噂話をしたりして、職場の雰囲気は最悪。関わりたくないので、やんわりと中立の立場をとっていたら、どうやら両派閥から嫌われたらしく、無視されています。

ハズレの職場にあたったと思って、新しい仕事を探すべきでしょうか。それとも今の職場で何かできることはあるのでしょうか。

「やんわりと中立」が、「女」に「脅威」を感じさせてしまったのでしょうね。

自分たちの味方だと思っていたら相手側とも仲よくしていた、などというのは「女」にとっては「裏切り者」と感じられますし、単に「私は中立」という立場は成熟しすぎていて「女」にとっては「脅威」なのです。

派閥のボス的な人から見れば、「自分を尊重していない」と感じられるでしょう。

「あの人は私についていたはずなのに、裏切った」ということになるのです。

先ほどもお話ししましたが、「女」はそれほど、脅威に敏感です。

さて、ここから立て直せるのか、それとも「ハズレ」と考えて転職するしかないのか、というのは、状況次第だと思います。

職場に、「この人は、大人として話し合える」と思える女性がいるでしょうか。もしもいたら、率直に、「人間関係とか苦手で、モタモタしていたら嫌われてしまった」と相談してみることです。

それで「じゃあ、うちに入りなさいよ」と言ってくれて、それがゆるめの派閥であれば、先ほどお話ししたような形で生き延びることができるでしょう。

もちろん、「ハズレ」と思ってよそに行くのも自由です。しかし、多くの職場、特に女性が多い職場では、似たような傾向はあると思います。

「ハズレ」「またハズレ」で転職を繰り返すと、まるで自分側に協調性や持続力がないように思われてしまいますね。職場の環境のせいで自分の評価が下がるのも残念です。ですから、ある程度は割り切って、「女」の多い職場で生きていくための智恵と考えていただくのがよいと思います。

もちろん、ひどいいじめに遭ってまで耐える必要はありません。職場は学校とは違い、移動の自由があるのですから（学校も本当はそうなのですが、それほど気軽な話でもないでしょう）。

一回転職したらとても職場に恵まれた、ということになれば、言うことはありません。確かに前の職場が「ハズレ」だった、というだけの話なのでしょう。

実際、物理的に女性が少ない、あるいは「女」度の低い人たちが多い職場はあります。

また、派閥で群れているにしても、そのボス格の女性が比較的おおらかなタイプであれば、締め付けもあまり厳しくないはずです。

「安心」を与えて、信頼を勝ちとる

しかし、何回か転職を繰り返すようであれば、自分なりに分析して作戦を立てるのがよいと思います。いつも、自分のどういう点が「女」に脅威を感じさせているのか。

その多くが、**「派閥を尊重していない」と解釈されるもの**なのだと思います。

超然とした姿勢も、「大人の女であることのアピール」として脅威を与えがちですので、**同じ中立であっても「対人関係苦手」路線のほうがずっと安全**でしょう。つまり、「こういうときはどうしたらいいか、教えてね」と常に相手よりも下手に出る、ということです。

こういう話をすると、「面倒くさいですね。そこまでしなくてはならないのですか?」と聞かれることも多いです。

それほど気にしなくてよい職場もあるでしょうが、「女」度の高い人たちが多い職場では、確かにそこまで気を遣う必要があります。先ほどもお話ししたように、こういう**「面倒くさい女」は「傷ついた、不安な心の集団」の人たち**だからです。

与えるべきは「安心」であって、「人間関係がうまくいかない」と相談してあげることで、「自分を頼ってくれた」と安心してもらえる可能性は高いです。

自分の「女」度を下げて生きていけば、「女」を傷つけることも争うことも少なく

なりますし、自分が生きるのも楽になります。

脅威に敏感な「女」は、裏表のない人に安心を感じます。そうやって信頼されていけば、別の派閥の人と挨拶したりしても、不安を与えないですむでしょう。

「完全中立アピール」をせずに、実際はみんなとうまくやっていく、というのはそんな形になるのではないでしょうか。

もちろん、先ほどもお話ししたように、あまりにもいづらい「ハズレ」の職場であれば、転職は常に視野にいれてください。

50代の働き方が、後輩の立場を決める

職場で煙たがられている……

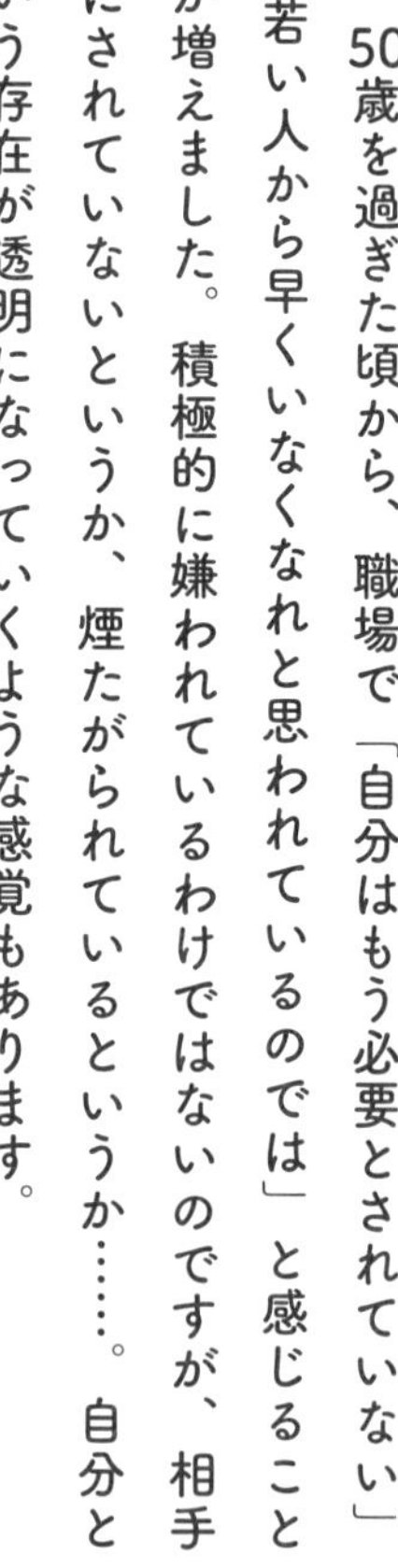

50歳を過ぎた頃から、職場で「自分はもう必要とされていない」「若い人から早くいなくなれと思われているのでは」と感じることが増えました。積極的に嫌われているわけではないのですが、相手にされていないというか、煙たがられているというか……。自分という存在が透明になっていくような感覚もあります。

歳をとってくると、行動も若い頃ほど俊敏でなくなり、人から言われたことへの反

応も遅れ、記憶力も低下し、身体が全体的にゆったりになりますので、仕事そのものも若い頃ほどテキパキできなくなると思います。

これは万人に共通することです。

同じ年頃あるいは年長者であれば、こういうことを自ら知っていて、「歳だからねえ」と温かく受け止めてくれますし、一緒に笑ってもくれます。

しかし、自分より若い人たちは、年長期を経験したことがないのです。

ここはとても大きなポイントで、**「どう声をかけたらよいかわからない」というのが実情**なのではないかと思います。

つまり、**若い人たちは、年長者のことをよく知らない**（もちろん、自ら体験していないので）と言えます。

歳をとってくるとパフォーマンスが落ちる部分は、個人差はありますが出てきます。それが人間にとって当たり前のことなのです。

では、社会は若い人たちだけで回していけばいいのか、というと、そんなことは決してありません。

「年長者＝能力が下がってくる」と思われているかもしれませんが、**年長者が重ねてきた年月は、お金では買えないもの**です。

もちろん、仕事上のいろいろな体験もあります。それは若い人にとっては、そのまま栄養になるようなものだと思います。

また、若い頃は、「よい人、悪い人」の分類しかできないかもしれませんが、年長者は、「人間は、そんなに簡単に割り切れるものではない」と知っています。

心ではよい人間でありたいと思いながら、何らかの事情でうまくいかないこともある、ということを知っているのです。

こういうことは、若くして修行をしたりすれば、特別な悟りを開くこともできるでしょうが、もちろん多くの人はそういうことをしませんから、一般には歳を重ねることによって、しみじみとわかってくるものです。

「必要とされていないのでは」というのは、そう考えてしまうと現実化してしまいます。

歳を重ねた人が、「どうせ私なんて」という投げやりな態度で仕事をしていたら、若い人たちは「年長者は仕事のモチベーションが低い」「どうせ、定年、年金待ちでしょ」「ああいう人とは一緒に働きたくない」などと判断してしまい、なかなか心を開くことはできないでしょう。

繰り返しますが、若い人たちは年長期を経験していないのです。ですから、そういう投げやりな態度の裏側に、実は「私を頼って」という屈折した気持ちが隠されていることなど、気づかないのです。

目の前の仕事に集中する

さて、そんな中で、歳をとっても、若い人たちとうまくやっていくにはどうしたらよいでしょうか。

そして、結果として「自分は必要とされている」ということが、ほんの少しだけでもわかれば、心境はまったく違ってきますね。

ポイントは**「自分」に目を向けない**ことです。

自分が何歳になろうと、自分が担っている仕事があります。その仕事に集中している間は、自分の年齢など、頭から消えているはずです（何かが思い出せなくて苦しむ時間は別として）。

そして、集中して取り組んだ仕事は、できもよいでしょうし、自分の達成感にもつながります。**集中して仕事をする姿は、若者からも好印象**です。

加齢によって本当に難しくなった領域があれば、上司に相談してみてください。できれば、上司に相談する前に、出来事・やりとりと、その結果の自分の気持ちをノートに書いてみましょう。

書いているうちに、「これは若い人が年長者を邪魔者扱いしているだけでは。自分のほうが仕事は確実なのに」「これは若い人が私に気を遣いすぎているのではないか。年長者だからと気にしないで、どんどん仕事を回してほしい」など、いろいろな気づきがあると思います。

気づいたことは、若い人と話して、どんどん改善しましょう。その際、**くれぐれも「上から目線」にならないように**。

年長者のほうが気づきは多いかもしれませんが、体力はかないません。

ですから、「自分は記憶に自信がないから、どなたかに確認係をやってもらうか、別の仕事に回してもらえませんか」というような低姿勢で出たほうがよいと思います。「仕事は遅いけれど、確実さには自信があります」などと言ってみてもよいと思います。


もちろん、思いこみによる部分もあると思います。「自分はすでに歳をとって、職場には迷惑ばかり」と信じていれば、相手の何気ない行動が「お前は邪魔だ。年寄りなんだから早く消えろ」と言っているように見えるかもしれません。

ですから、ノートを書くときには、「誰が何をした、言った」は必ずきっかけとして書いてください。

堂々と働けばいい

職種により、また、その人の特性により、人間がいつまで働けるかというのは、一言では言えません。

今のところ、**目安となるのは、年金開始の65歳**でしょう。

それより若い人は、「働いて収入を得なさい」ということなので、その通りに堂々と働けばよいのです。いろいろな欠点や困難を抱えた人を、いろいろな工夫をしながら雇用している職場がありますが、加齢のように一般的なテーマであれば、ますます工夫できることが増えると思います。

忘れないでいただきたいのは、**現在のご自身が、後輩の立場を決める**、ということです。

「歳だからとやめた人がいる」という事実は、「それが当然」という雰囲気を作りますし、働く人に「50過ぎたらやめなければならないのかしら」という気持ちを引き起こします。

そうなったら、たった一人の被害とは言えなくなりますね。

「歳で記憶に自信がないので、メモをとらせてください」など、仕事がうまくいく工夫をしてみてください。そして、堂々と働いてください。近視の人が眼鏡をかけるのとまったく同じなのです。

そのくらい開き直っていただければ、それが、後輩に勇気を与えていきます。

今回のお悩み

50代が職場で求められることは？

「給料は高いのに若手の半分の成果もあげていない」「50代一人の給料で二人の若手を雇える」「『昔はこうだった～』などの講釈はいいから、自分がまず実践しろ」……。

聞くつもりはなかったが、昼休憩中に若手の雑談が聞こえてきた。思い当たる節もあり、いたたまれない気持ちになった。今までよかれと思って若い人にいろいろと言ってきたが、それもマズかったのかな……。50代が職場で求められることって、いったい何なのでしょうか。

こんなふうに言われるのはつらいですね。

でも50代には50代の役割があります。

よくわからずにしゃかりきにがんばる、体力だけは自信がある20代。いろいろとわかってきて、やりがいのある30代。中間管理職的ミッション（若手のフォロー、上司の言うことを若手にうまくなじませていく）を担う40代。では50代は？

とにかくがむしゃらな20代と比べて、50代の仕事の「でき」はちょっと違います。量は若手のほうが上でしょう。しかし、同じ状況に直面したときに、一つのやり方しか知らない20代と、いろいろと本丸を攻めるやり方を知っている50代では、違うのです。

先方に対しても、20代があれこれ言うと「若い奴にバカにされた」と思われるリスクが高いですが、50代ともなれば「若い奴」ではないので、相手も「そこそこの立場の人」を出してもらえた、と思えるでしょう。

ただ、注意したほうがよいと思うのは、「よかれと思って」の部分です。何がよいか、というのは、実は本人にしかわかりません。それぞれの人がそれなりの事情を抱えているので、**ある人にとってうまくいくことがほかの人にもうまくいく、ということはない**のです。

「よかれと思って」は、そういう意味では自分と相手を混同してしまっていますね。場合によっては、相手の人格を否定することになってしまいかねません。

それでも、たとえば、スマホ漬けの若い人に何か言いたい、ということはあるでしょう。

そんなときは、**「対話」にしてしまえばよい**でしょう。「これ悪気なく、ただ聞くんだけどね、君、スマホと仕事と、どういうふうに切り分けているの？」などと聞いてみてもよいでしょう。

若い人たちをのびのびと働かせる

50代が職場で求められること。それは、長い仕事の経験から、20代にはわからないことを伝え、**自分の背中で学ばせる**、ということでしょう。

繰り返しになりますが、体力は20代がピークで、あとは落ちてくる一方です。老眼も進みます。物忘れは、人によって度合いが違いますが、若い頃ほどキビキビした頭でないのは確かです。

でも、50代だからこそうまくいく仕事もあるのです。それは、そこまでの年月を費やして築いてきた信頼関係によるのかもしれません。あるいは、初めての相手であっても、今までの経歴を聴くことで感心して信頼してくれるかもしれません。

また、「仕事ができるのは、あとどのくらいか」という視点で仕事をとらえている分、20代の「イケイケ」とは違う、ということもあります。

あと少ししか時間がない、というときには、消化試合みたいな仕事をする人もいるでしょうが、それより多くの人が一分一分を大切にしているのではないかと思います。

50代が仕事で求められることは、もちろん、個人差も大きいと思いますが、「仕事には慣れている。でも、引退にはまだ早い」という立場から、**若い人たちをのびのびと働かせる**、というのもあるでしょう。

若い人と比べて落ちこむのではなく、若い人たちを伸ばすこと、そして、その「若い人たち」にも50代の仕事の仕方を見てもらうことだと思います。

押しつけてくる人には、「心の境界線」を引く

押しつけてくる人に困っている

自分のやり方や考えを押しつけてくる人、こちらが求めてもいないのにアドバイスをしてくる人に遭遇したとき、どう考え、対処すれば、自分も相手も気分よくいられるのでしょうか？

人間関係は人生を豊かにしてくれると同時に、悩みの種にもなりがちなもの。悩みの中でも上位にくるのは、「押しつけてくる人」です。こちらの事情も知らずに勝手

に決めつけてきたり、自分の価値観ややり方を押しつけてきたりする人たちのことです。

その多くが「よかれ」と思ってやっているので、対処が難しいですね。

人にはそれぞれの事情があり、それは本人にしかわからないものです。本人ですらわからないことがあり、治療現場で「私の本心はそんなものだったんですね」と、抑えられてきた思いに気づいてくれる人もいます。

いずれにしても、きちんとした専門家でもない他人が、それぞれの人の事情を理解することなど、あり得ないのです。

決めつけの暴力的な部分は、こちらの事情も知らないのに、極めて少ない情報量で、その人の思いを押しつけてくるところです。

これは、不法侵入された上に殴られた、というくらいの話なのです。

そういう人には、腹が立つこともあるでしょうし、言うことを聞かなければならない気になることもあるでしょう。不快を感じつつも、「嫌われたくない」という思いから、相手に迎合してしまうことも多いと思います。

しかし、なぜ相手はそんなことをするのでしょうか。いくつかの理由が考えられますが、一様に言えることは、「今のままの状態では不愉快」ということだと思います。もちろん「あなたのために」と言ってくるでしょうが、人はそれぞれのプロセスで人生を歩んでいるので、「あなたのために」をつけてもほとんど意味がないどころか、押し売りみたいになってしまうのです。そして、押し売りになってしまっていることに気づかないのが、今問題にしている人たちなのです。

ここで注意したほうがよいのは、正直に「勝手に決めつけないでください」「押し売りは迷惑です」などと、いわゆる「ノー」を言わないこと。もちろん角が立ちます。まあ、それをわかっているから、「決めつけられたらどうしよう」というような悩みが出てくるのですね。

自分で「心の境界線」を引く

まずは自分の頭の整理からしてみましょう。

先ほど、それぞれの人には、それぞれの事情があるとお話ししましたが、相手がそこを侵害しようとしているのであれば、自分で**「領域意識」**をきちんと持つ必要があります。どこからどこまでが自分の問題で、どこが相手の問題か、の見極めですね。

すると、いくら言葉では「あなたのため」と言っていても、**「本来わからないはずのこちらの領域に入りこんでくるのは、相手側の問題」**ということがわかります。

相手に問題があることくらいはすでにわかっているでしょうが、その「問題」とは、人と人との境界線をちゃんと引けない、ということです。

ただ、心の領域の場合、境界線は自分次第で守ることができます。相手がどれほどずかずかと踏みこんでこようと、自分で**「心の境界線」**を引くのです。

そのためには、相手がこちらについて話しているのではなく、相手側の話をしているだけ、と考える必要があります。

自分は自分でそれなりにがんばって生きている。今できていないことにも事情がある。

それをまったく無視して、決めつけたりアドバイスしてきたりする人は、**ただ自分**

の世界でつぶやいているだけの人なのです。

寛容でないため、こちらの現状が何かしら気に入らないのかもしれません。あるいは常に「私こそ正しい。何でも知っている」という態度をとりたい人なのかもしれません。

ですから、**「ああ、相手は相手の領域の中でいろいろ言っているな」とだけ考えればよい**のです。

〝お見舞い〟の「すみません」を言う

それでも相手が自分と関わりを持とうとしたことは事実ですし、非寛容な相手が目の前のことを受け入れられずに悲鳴を上げているのだとしたら、ちょっとは親切にしてあげてもよいでしょう。「ご親切にありがとうございます。考えてみますね」と、あくまでも穏やかにその場を切り抜ければよいのです。

たとえば、相手が自分に何かの仕事を押しつけようとしていて、今はとてもそれに応じていられない、というときには、「今××に急いで取り組んでいるんですけど、どちらを優先したらよいでしょう?」などと一言でも聞いてみれば、だいぶ雰囲気が変わるはずです。そこは面倒がらずにコミュニケーションをとったほうがよいところです。

そして、ちゃんと**〝お見舞い〟**の「**すみません**」を言いましょう。これは〝謝罪〟の「すみません」と区別して私が呼んでいるものですが、こちらにどれほど理があるとしても、相手にとっては期待を裏切られたわけですから、その相手の傷にお見舞いをしてあげるのです。

「なるほど」と思えるまで話を聴く

さて、今度は立場をひっくり返して、こちらが相手に何かを頼んだり助言したりする場合にはどうするかを考えてみましょう。

今までの復習になりますが、**相手の領域にずかずかと入りこまない**必要がありますね。

そのためには、まず**相手の話をよく聴いてみる**ことです。助言であれば、相手がどこに困っているのかをよく聴き、そのためにどんな苦労をしてきたかを聴きます。単に助言すると、「そんなのできるならやっている」「そんなのとっくに試している」という絶望的な反感しか返ってこないかもしれません。

相手が回り道をしているように見えたら、どういう理由で今の道を選んだのか、開かれた気持ちで聴いてみましょう。「この人は自分のやり方が気に入らないんだ」と思われてしまうと、ちゃんと答えてくれなくなってしまいかねません。

相手なりにどういう気持ちをこめてやっているのかがわかれば、それを肯定したうえで、「それならそこに○○を足してみたら?」というような助言ができるでしょう。私は**「インタビュー」**と呼んでいますが、「なるほど」と思えるまで話を聴かないと、何の助言をしても(そしてそれが的確な助言だとしても)相手の現状否定になります。「今のあなたはよくないからこういうふうにしたら?」という意味にとられてしまうからです。

また、何かお願いするとしても、先ほどの逆パターンでよいですね。「仕事を頼みたいんだけど、今どんな感じ？」と、まず相手を人間扱いすること。

そして、いついつまで、という期限を明確にして、相手が「難しい」と言ったら、その理由を聴いたうえで、「どう工夫すればできるだろうか」ということを話し合ってみてはどうでしょうか。

それなら、仕事の押しつけではなく、工夫の協同作業になりますね。

今回のお悩み

夫の家事の手際が悪い

定年後、夫は何を思ったのか、今までやりもしなかった家事や料理を始めた。やってくれるのはありがたいのだが、手際が悪く、ついつい口を挟んでしまう。注意すると夫はすねて、不機嫌になり、その日の雰囲気が悪くなる。

家事に慣れた主婦から見れば、初心者の夫は、要領が悪いし、ハラハラするところもあるし、で、お悩みになるのもわかります。

しかし、ここで視点を「家事の効率」から夫に向けてみましょう。

それまで仕事人間だった人が、定年退職する、というのはものすごく大きな変化です。

生活全体もガラリと変わるし、それなりの地位についていた人が「一人の老後の人」になるからです。

人によっては自分の存在価値を見失い、うつ病にすらなるかもしれません。

「ほめて伸ばす」を徹底する

そのような大きな変化をうまく乗り越えるポイントをお話ししましょう。

まずは周りのサポートです。「お父さんがうちにいてくれるようになったからよかったわ」「長い間お疲れ様」くらいは言ってあげてよいと思います。また、「今までの仕事中心の頃とは生活がガラリと変わるから大変ね」などと言ってあげてもよいでしょう。

外出に誘ったり、地域の行事に誘ったり、というのもよいことです。男性は課題達成型の人が多く、何かしら「やるべきこと」があるとずいぶん違うのです。

このケースでは、夫は「やるべきこと」を家事と決めたのではないでしょうか。引きこもってしまう人もいる中、それはかなりプラスの展開です。「やるべきこと」が見つからず、引きこもってしまって、うつになってしまう人すらいるのです。

そうであれば、効率が悪くなろうと、やらせてあげたほうがよいと思います。

男性はほめられるのが好きで、責められるのがとても苦手です。ですから、「ありがたい」はできるだけ言ってあげる、ほめられそうな料理を作ったときは「おいしい！」とほめてあげる、などというのはよいことです。

ダメ出しをしてしまうと、男性は特にシュンとしてしまいます。こちらはただ単に手順のことを「もう一工夫するとうまくいくわよ」と言っているつもりでも、夫は「こんなにがんばっているのに責められた」と感じてしまうのです。「すねて、不機嫌になる」というのはまさにシュンとしている証拠。

よちよち歩きの子を見守るように、手際の悪い家事を見守ってあげてください。少しでも上手になったところがあったら「あなたがこんなことまでできるなんて知らなかったわ。さすがあなたね。すごい」とほめてあげてください。

家事に関しては、妻と夫では幼稚園生と大学生くらいの違いがあると思っておいてよいでしょう。**夫のプライドを傷つけないように、「ほめて伸ばす」を徹底する**と最終的に全部がうまく回るようになると思います。

お願い事をしてみる

また、変化のときにもう一つ大切なのは、「自分でコントロールできること」です。いろいろな変化に飲みこまれそうになっているときに、「それでも自分にはこれがある」というものがあるとまったく違ってきます。

もちろんお友だちと遊びに行くなどでもよいのですが、定年退職後の男性は、案外家を中心に生活するもの。ですから、そこに「お父さんでなければだめ」なものを作るのはとてもよいことなのです。

梅干しを作るなど、忙しい主婦では手が回らない、ちょっとした特別な家事をやってもらうように頼んでみるのもよいと思います。

「私、雑だからこういうのだめなのよ。お父さんだったらできると思うから、お願いね」と言ってみればよいのです。

言葉遣いさえ「あれやって」「これやって」にならなければ（つまり、「あれをお願い」「これをお願い」と言えば）夫はきちんとやってくれると思います。

男性は責められるのが苦手で、ほめられればいくらでもがんばってくれる。

そんなふうにご夫婦の関係を見直してみてはいかがでしょうか。ご自分も自由に過ごせる時間が増えるはずです。

次のお悩み

大きな仕事を強引に任されてしまった

もっと人との交流を広げたいと思い、ある勉強会に参加したが、リーダー格の人に「これからは積極的に生きなさい」と諭され、強引に会の運営をする仕事を任されてしまった。

断るべきだったという思いと、これも一つの経験になるからいいのかも、という二つの思いが自分の中でぶつかって、とても悩んでいる。

今の悩みは、予期せぬタイミングで、予期せぬ形で、会の運営という大きな仕事を任されてしまった、という衝撃によるものですね。

「断るべきだった」という思いは、引き受けてしまった自分を責めるような気持ちからくるものでしょう。

しかし、新しい環境で、リーダー格の人から諭されて強引に任されたものを断るのは、とても難しいことです。今だから「断るべきだった」と思えるのですが、その場においては、そんな余裕はなかったはずです。

「もしもまた同じようなことがあったら」という前提でこの後お話ししていきますが、まずは、「断るという選択肢はなかった」と自分を落ち着かせるところから始めるのがよいと思います。

全般に、新しい環境で何らかの決断をする際には、そこがどんな環境かよくわかってからにしたいもの。特に何らかの役割を引き受ける際には、相談に乗ってくれる人がいるか、愚痴を聞いてくれる人がいるか、などの環境は大切です。

今回は引き受けてしまったわけですから、「一つの経験になるから」という思いで前向きに取り組んでいくしかないですね。まだよくわからない環境ですし、初めての経験ですから、**できるだけ複数の人に相談しながらやっていく**のがよいと思います。

「複数の」というのは、まだ誰に頼ったらよいかわからない環境なので、誰かを自己判断で選ばないように、できるだけ公平に助けてもらったほうがバランスがよいと思うからです。

全体に、「自己判断でやっている」と思われると、足を引っ張られたりする可能性もあります。そこに「本人の意思」が感じられると、人はネガティブに反応しやすいのです。どんな集団なのかまだよくわからないのですから、できるだけ安全にしておいたほうがよいと思います。

いろいろと異議が出てきたら、「すみません、まだよくわからなくて」「新人なので、教えてください」という態度を続ければ安全度が高まるでしょう。

また、人の人生に対して「これからはこう生きなさい」などと上から目線で口を出してくるような態度の人は、「私は誰よりもよくわかっている」「私はほかの人よりも特別」と思っている人である場合が多いので、何かと上から押しつけられたり、都合よく使われたりする可能性があります。これからのつき合い方に注意しておいたほうがよいでしょう。

なお、断る場合には、「私はやりたくありません」などと言ってしまうと、そういうタイプの人の恨みを買う可能性があります。「私は誰よりもよくわかっている」「私はほかの人よりも特別」と思っている人を否定するような形になってしまうからです。

そういうときには、「本当はやってみたいのですが、家庭の事情が」「ぜひ引き受けたいのですが、健康状態が」などというように、本当はあなたの言う通りだと思うけれども、自分側の困った事情によって引き受けられない、と一歩下がった言い方をしたほうがよいと思います。

怒りは抑えずに表現しよう

最近、怒りっぽくなった……

歳を重ねるにつれ、ちょっとしたことでイライラしたり、ムカッとするようになった気がする。こんな自分と、これからどうやってつき合っていけばいいのだろうか？　また、周囲とどう関わっていけばいいのだろうか？

歳をとると人間が丸くなり寛容になる、というイメージは、なんとなく共有されていますね。

実際、人生経験を積むということは、いろいろな人の事情を知るということであり、自分の一方的な理想を押し付けにくくなる、という側面はあると思います。そして、実際に、角が取れて寛容になっている高齢者もたくさん見かけます。

若い頃に比べると、仕事や子育てなどの社会的責任もぐっと減りますから、のんびり過ごすことができるはず、というイメージもあるでしょう。

しかし、若い頃よりもイライラしやすくなる人も少なくありません（人格の全部が、というわけでなくても、ある特定のシーンにおいては、案外よく見られます）。

もちろん、脳血管障害などの医学的背景がある人もいるでしょうが、そうでなくても、**若い頃より体力が衰える分、「我慢するエネルギーが減る」**とも言えます。

これと似たことが、うつ病のときに起こります。うつ病と言うと、げんなりと落ちこんでいるイメージがあるでしょうし、実際にそういう人も多いのですが、イライラがとても目立つ人もいます。これも、揺れ動く感情をコントロールするエネルギーが減ったから、とみなすことができます。

自分の「お年寄り像」にとらわれない

歳をとったほうが社会的責任から解放されて、のんびり待てるようになる人もいる一方で、とても気が短くなる人もいます。

これはおそらく、一つのことがとても気になるようになるからだと思います。「若い人たちはいろいろあって、そんなにすぐにニーズに応えられないものだ」という発想がすっぽり抜けてしまうのでしょうね。自分が気にしていることへの反応が望ましくないと、そのズレからイライラしやすくなるのです。

歳をとるにつれて、若い頃はできていたことがだんだんとできなくなってくる。そんな中で感じる焦りや不安は無視できるものではなく、「気になることは一刻も早く解決して！」という気持ちになるのもわかります。

また、自分は「お年寄りは大切に」という日本文化の中で育ち、いろいろ苦労してきた分、今の若者に対する期待が高くなっているのかもしれません。

「最近の若い者は……」などというのもこの一種でしょう。自分が若い頃にはそんなことはなかった。だから、余計に許せなく感じる、ということもあると思います。

よくよく見ると、相手は単に余裕がなかったり、無礼なりにも誠実に働いていたりすることも少なくないのですが、**自分が知っている「お年寄りは大切に」のイメージにとらわれてしまうと、相手の努力が見えなくなってしまう**のです。

イライラするときには、相手に聴いてみる

そんな自分とどのようにつき合っていけばよいのでしょうか。また、他人との関わり方をどうしていったらよいのでしょうか。

まずは、**社会が変化してきた、ということを認識してみてください**。確かに昔のほうが「お年寄りは大切に」「礼儀正しく」などという規律は厳しかったでしょうが、今の世の中で生きることもかなり大変です。

昔は、直接の知り合いの間で、評判がよければよかった。「よいこと」と「悪いこ

と」の区別もはっきりしていた。そして、人と人との関わりは、対面か、せいぜい手紙程度だったわけです。

でも、今の世の中を生きている人たち（特に若い人たち）は、インターネットやスマホやらによって、昔だったら気にしなくてよかったようなことにたくさん神経を使っているのです。それだけ、社会が複雑になってきているのですね。気にしなければならないことの数も増えていますし、悩んだり疲れたりしています。

ですから、**イライラするときには、「相手はなんでこんな態度をとるのか、聴いてみよう」というような姿勢を持つ**と、とてもよいと思います。

怒りは、「自分の側の相手に対する期待」と「実際の相手」がズレるときに起こるもの。相手と話してみれば、自分の期待が「現代風」ではないことがわかるかもしれませんね。

そんなとき、もちろん若者におもねる必要はありません。「ふーん、今は大変なのね。私が若かった頃は、姑（しゅうとめ）とかはすごく厳しかったけれど、スマホとかなかったわ」みたいに話し合って、**どちらにもそれぞれの立場があることを認識し合えばよい**

でしょう。

こんな話し合いによって、いつの間にかイライラが消えている、ということも少なくないはずです。

愚痴を言い合うのも一つの方法

イライラしやすいお年寄りの中には、頭の回転が速く要領のよい人もいます。そういう人は、長い人生経験の中で、精神的「断捨離(だんしゃり)」を行ってきたのですね。余計なことを気にせずに、とにかく「やるべきことを早くやって」という気持ちなのです。

でも、多くの人、特に若い人は余計なこと(本人からすれば、余計とも言えないこと)を気にするものですから、「そう簡単に言われても」という気持ちになります。

このズレも、イライラを作り出し、関係性を悪くするでしょう。

若い人は矢継ぎ早に「どうしてこれをしないの?」「こんなこと気にしてもしょうがないでしょう?」などと言われることが苦手である場合が多いです。

ですから、**一方的な意見ばかり言わずに、若い人は何を考えているのかを聴いてみるという姿勢は、とても大切**だと思うのです。

また、「自分なりに考えてやっているんだから、そう次々と言わないで」などと言ってもらえば、はっと我に返ることもできるでしょう。あくまでも年長者なのですから。

また、**「自分は怒りっぽくなったことをちゃんと自覚している」ということが相手に伝われば、ずいぶん雰囲気はよくなる**はずです。

たとえば、「歳をとったら、体力だけでなくて我慢する力も減っちゃったみたいで。ごめんなさいね。ここは我慢して見守って、とか言ってね」などと言えれば、イライラは深刻な事態に発展しないですむでしょう。

また、同年代の人と愚痴を言い合うのもよい方法です。自分と同じように怒りっぽくなっている人がいたら、「最近の若者もひどいけど、私たち、たいして忙しくもないのに、なんでこんなにイライラするのかしらね」などと笑い合うこともできるでしょう。

ためるよりは表現する。それが、安全に生きていくための秘訣だと言えます。

今回のお悩み

イライラや怒りがおさまらない

先日、電車内で鞄をぶつけられたことにムカッとして相手をにらみつけてしまい口論になった。また別の日には、コンビニ店員の態度が悪くて、つい声をあげてしまった。怒りがなかなか消えず、思い出しては数日気分が悪い。家族からも怒りっぽいと思われているようだ。昔はそうでもなかったのに。このままだと、そのうち、大きなトラブルに巻きこまれそうだ。

まさに、これが先ほどお話しした、「最近の若い者は」的なパターンなのではないでしょうか。

自分が若い頃は、目上の人に鞄がぶつかれば、恐縮して謝った。また、接客するときの態度も、ずっと礼儀正しかった。それなのに、今の若い人たちは……というふうに考えると、イライラもひどくなりますね。

また、「お年寄りは大切に」が薄れてきた今の日本社会では、お年寄りに不愉快な思いをさせても、「年寄りのくせになんだ」「社会の役にも立っていないくせに」みたいな雰囲気が醸し出されてしまうのかもしれません。

電車やコンビニでイライラしたその場だけでなく、その後も頭の中で「まったく、最近の若い者は……」と考え続けていると、イライラがどんどん長引き、日をまたいでいってしまいます。

今の感情を認めてあげる

こんなときは、**感情を抑えることよりも、認めてしまったほうが楽です。家族に、「実は今日こんなことがあってね」と話してしまう**のです。

「怒る気持ちもわかるけど、最近の若い人なんて、そんなものよ」などと言ってもらえれば、感情の消化が少し進むでしょう。あるいは、同年代の友人に、「実はね」と話してみるのもよい、というのは前述したとおりです。

「鞄がぶつかったって、骨折するわけでもないわよね。ただ私、若い頃、お年寄りにそんなことをしていたら、ものすごく恐縮した、というところにとらわれてしまうのよね」「考えてみれば、私たちが若い頃って、コンビニなんてなかったわよね。店員の態度について、何か言える立場かしら」などと笑いあえればなによりです。

抑えようとすると、それこそいつか大きなトラブルにも巻きこまれかねないもの。**抑えるよりは、表現して、「そういうことあるよね」「失礼な人だね」などと共感してもらったほうが、ずっと安全**です。

若者に見本を示す

さらに、願わくは、なのですが、ぜひ、**若い人たちに対するロールモデル（見本）になってほしい**と思います。

電車の中で鞄をぶつけられた。そこからすぐに相手をにらむのではなく、「若いから、焦っているのね」と大きな視野を持つようにする。

あるいは、コンビニ店員の態度が悪いとしても、「まあ、コンビニって、接客の教育をきちんと受けてない人もいるんじゃないかしら。そんなところで、高級店みたいな接客を求めても意味がないわよね」という見方をするようにする。

実際自分が悪いことをした、ということは本人もなんとなくわかっているはずですから、それを鷹揚にゆるしてくれる年長者の存在は、「さすが年長者」ということになるでしょうし、態度が悪い相手に対しても「お疲れ様」などと言うことができれば、相手の人生に少なからぬ影響を与えることができるのではないでしょうか。

歳をとるということは、できないことが増えるというだけの意味ではありません。

「あなたたち、こういう方向に成長しなさいよ」と示すことでもあるのです。

そんな社会的責任感を持てれば、ちょっとしたことでイライラしてトラブルにつながったりすることなく過ごせるのではないでしょうか。

ある程度歳をとったら、自分のことよりも、自分の後に続く人たちのことを考えること。その際、時代の変化を考慮に入れること。

そんな役割を認識できれば、つまらないイライラに翻弄されずにすむのではないでしょうか。

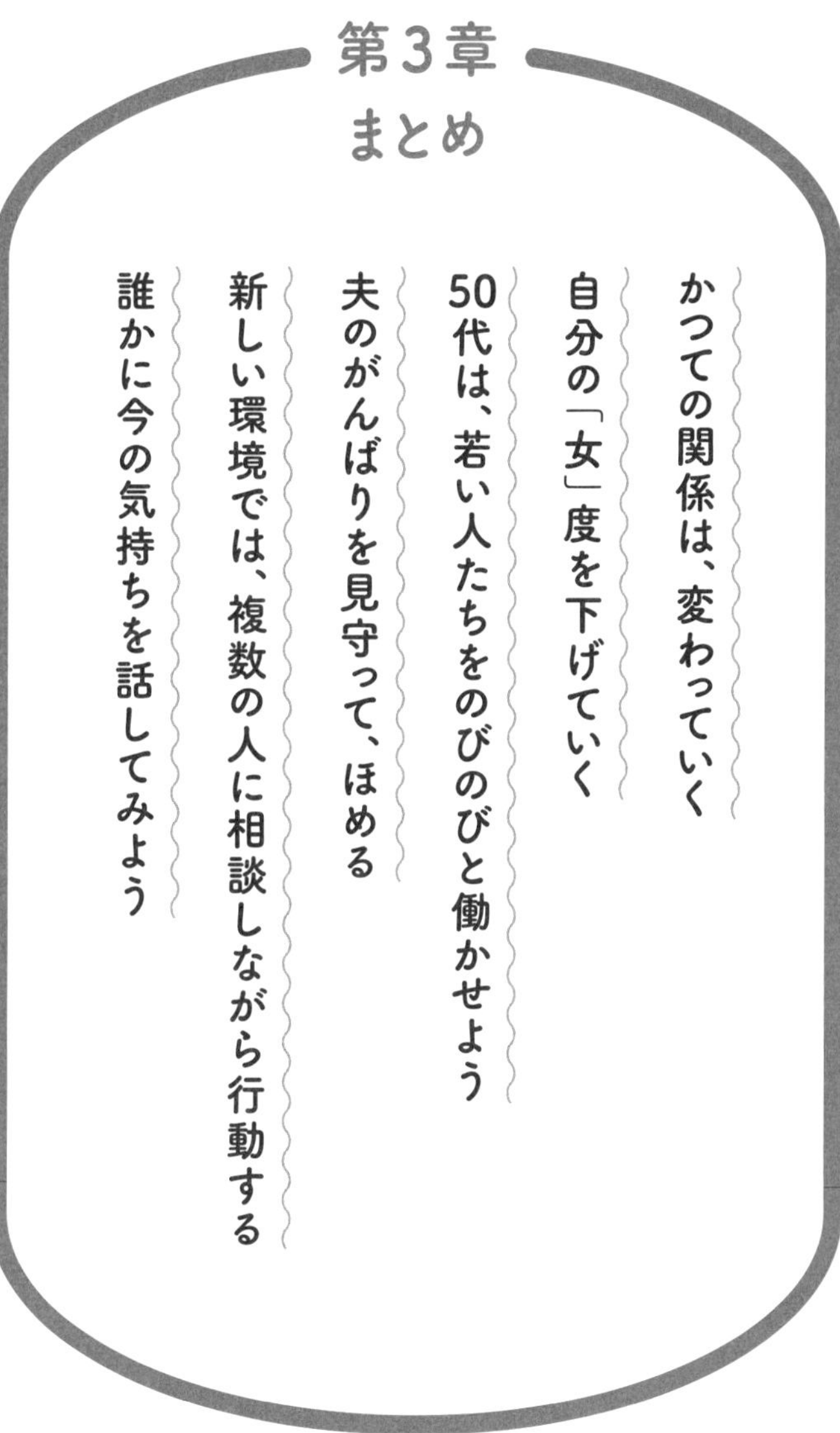

第3章 まとめ

かつての関係は、変わっていく

自分の「女」度を下げていく

50代は、若い人たちをのびのびと働かせよう

夫のがんばりを見守って、ほめる

新しい環境では、複数の人に相談しながら行動する

誰かに今の気持ちを話してみよう

第4章

「不安と孤独」のくすり箱

「お金」の不安には、どう対処する？

お金の不安は消えない？

50代は、子どもの進学や結婚、家のローンや修繕費、親の介護、自分の医療費……など多額の出費が重なる時期です。また、すぐに定年退職や年金生活を考える必要も出てきます。50代からのお金の不安と、どのようにつき合っていけばいいのでしょうか。

人が怖れを抱く代表の一つが「お金」のことだと言えるでしょう。

若ければ無理してでもお金を稼ぐ、という選択肢もあるでしょうが、50代ともなると、出費が重なるけれども、かつてのような体力もなく、無理もききづらくなります。健康のリスクも気になります。

新しい仕事に就こうと思っても、若い人が優先されてしまいがちです。このように自分が無力に感じられるときは、不安がますます大きくなっていくものですね。

でも、50代は人生後半のスタートです。あとどのくらい残されているかわからない人生を、お金についての怖れだけで使ってしまうのはもったいないと思います。

大原則として、**怖れは決してお金を生まない**、ということは押さえておきたいものです。

お金について不安を抱いても、お金が増えるわけではないのです。

今の日本は、確かに持続可能な社会保障があると断言できる状態ではありません。それでも、高額医療費の扱いなど、負担が重くなりすぎないように、という制度はまだあります。高額な医療費は戻ってくる仕組みになっているのです。

日本の社会保障制度は見通しが悪いとしても、今現在は、まだまだちゃんと役割を果たしているのです。必要なときがきたら、それらの制度を存分に生かしていただきたいと思います。

また、「貧困」が社会問題となっている今、子ども食堂が各地にできてきています し、憲法によって最低限の生活は保障されています（生活保護）。

ですから、**「お金がないということで相談するのは恥ずかしい」と思う必要はなく**、ご自分の事情を、公的機関やＮＰＯに相談すればよいのだと思います。これがセーフティネット（いざというときの救済策）となります。

子どもの教育費も、必要とあらば奨学金を活用できます。

また、子どもの結婚も、できるだけシンプルに、という流れになっていくことと思いますし、そういう価値観を持つ相手のほうが、結婚後もつき合いやすいでしょう。

もちろん、お子さんと話し合ってみてください。

「何が大切か」を考え直してみよう

さて、そういう現実的なことと同時に、**「何が自分には必要か」を考え直すのも**

50代ならではの課題です。

若いころは、他人と自分を比べて、負けないように、とお金のかかる生活をしていたかもしれません。

でも、50代ともなると、「本当に自分に必要なこと、大切なことは何か」を考え直すべき時期だと言えます。○○さんがやっているからといって、自分もやらなければいけないということはないのです。

「何が自分を幸せにするか」「何が自分にとって本当に必要か」「自分はどんな人生を過ごしたいか」を考えてみましょう。いつもお金の不安ばかりにとらわれて、死ぬまで怖れながら暮らすのか。それとも、残された人生の一瞬一瞬を大切に生きるのか。

自分より若い世代に(お子さんがおられるのならお子さんに)何を残していきたいのか。若い世代にも、お金についての怖れにとらわれて、本当は満たされているのに常に心配を抱えていってほしいのか。

他人を見れば、「こんなに恵まれているのだから大丈夫」と思いやすいですよね。でも、自分についてそう思えないのは、やはり怖れのなせる業(わざ)なのです。

逆説的に聞こえると思いますが、実は**「与える」ことは、お金についての怖れを減らす**ものです。与えれば確かに物理的なお金は減りますが、「怖れ」から脱する効果を持つのです。たとえ少額であっても、与えることができる自分の豊かさに感謝することもできますし、自己肯定感が高まります。

「お金がなくなったらどうしよう」という怖れにとらわれているときとはまったく別の感覚になれるのです。

お金についての心配は、限度がありません。

常識的に大丈夫なレベルに達していても、「もしも○○があったら……」と思うと、「もっと、もっと」となるのです（そういうときのために保険や社会保障があるのですが）。

では、お金がたくさんあれば安らかになれるのかというと、そういうわけでもありません。「もっと、もっと」は止（とど）まることがないのです。なぜかと言うと、お金についての怖れは、未知への怖れであり、ライフスタイルの変化への怖れ、他人が自分を見る目の変化への怖れも伴うからです。

未知への怖れは、誰もが持って当然のことです。しかし、お金に対する不安についても言えることなのですが、それは、**未来への不安が現在を乗っ取ってしまっている**と言うことができます。

本当はどうなるかわからない。でも、「もしもお金が足りなくなって、みじめな生活になったらどうしよう」という怖れが、現在を乗っ取ってしまい、今このときの心の平和も得られなくなってしまうのです。

未来は、現在の延長線上にあります。**現在を味わって幸せに生きれば、次の「現在」が未来です。**

先ほどお話ししたお金の問題のように、物理的に難しくなることもあるかもしれません。でも、助けてもらうことを恥と感じる必要はなく、相手の優しさを見出せれば（こちらが敵対的な態度を示したり、権利の主張を攻撃的にしたりせず、本当の事情を話せば優しくしてもらえるはずです）、それは温かい人間関係の一つとして享受できるでしょう。

「怖れ」で人生を台無しにしない

50代を「自分の生き方を定めるとき」と考えてみたらどうでしょうか。

与えられるときは与える（物理的に、でなければ、いつでもできます。感謝の気持ちを与えるなど）。**困ったときは相談する**（相手を信頼する）。

そう割り切れれば、常に与えるモードでいられますし、もしも相談相手が「どうして、あなたにはこんなこともできないの？」というように高飛車（たかびしゃ）だったとしても、「ああ、これは、この人の手に余るんだな」と冷静に見ることができるでしょう。

人にはいろいろな価値観があって、「社会制度に頼るなんて」と思っている人もいます。

しかし、それは現在の日本において私たちが持っている権利なのです。それが役所の担当者の価値観と異なっていても、怒らず、冷静に、「私は○○を受け取れるはずなのですが」と伝えていけばよいでしょう。

年を重ねるほど、「怖れ」で人生を台無しにすることを避けられるようになるのではないかと思います。

今回のお悩み

貯金があっても不安……

夫婦でコツコツ貯金をしています。雑誌などで見かける50代の平均貯金額などと比べてみても、特に少ないわけではありません。保険にも入っており、子どもも社会人になりました。

恵まれているほうだと思うのですが、今後、年金や介護制度がどうなるかわからないこともあり常に不安です。

先ほどお話ししたように、お金についての怖れは、「もっと、もっと」となりやすい傾向にあります。恵まれているほうだと思えても、それでも不安になるのです。年金についての不信感も、それに輪をかけるでしょう。

しかし、やはり、お金について心配することだけで人生を終えるのか、「いざとなれば何らかの制度やNPOなどが救ってくれる」と信頼して生きていくのかは、人生の質に大きな違いをもたらします。

極端な例になりますが、貧困のために亡くなってしまった、というような方が時々ニュースになります。そんなとき、近所の方や支援団体の方の話を聞くと、「そこまで困っているなんて知らなかった。言ってくれてさえいれば」という言葉が返ってくるものです。周囲を信用できず、孤立してしまうと、貧困が命に関わってくると言えるでしょう。

ご相談の方の場合は、命に関わるほどの貧困を考えておられるわけではないでしょうが、結局は**「どれだけ周りに頼れるか」**なのだと思います。

ギャンブルでお金を失った、などという事情でもない限り、周りの人や支援団体が助けてくれるはずです。まじめに生きてきてお金が心配、ということであれば、何らかの道が開けるはずです（もちろんギャンブルの方にも治療の道があります）。

前に私は、米国でNPOのための寄付金集めをしていたことがあります。「日本では将来の不安のために、寄付金集めが難しい」という話をしたら、寄付してくれた人は、「あら、自分が人に与えられるものがあるって素敵じゃない？」と言っていました。

つまり、どちらの方向を見るかなのだな、と思いました。お金は「足りなくなったらどうしよう」と考えている限り、どんどん不安が膨らみます。でも、**「いざとなったら何とかなるだろう。今は自分が恵まれていることへの感謝として、少額でもいいから与えよう」と考えてみれば、自分が力強く感じられる**ものです。

そして、社会的に見ても、「あの人はいつも人に与えていた」と思われるような人は、いざというときに助けてもらえる確率が高まるのも事実なのです。

だからといって、「いざというときのために」という下心から与えるのでは効果がありません。自分の現状を恵まれたものとして肯定できないからです。つまり、毎日を安心して幸せに生きられないということです。

「いざとなったら何とかなる」と考える

50代は、残された人生をどう生きるかを真剣に考えたい年代です。「もしもお金がなくなったら……」という怖れで毎日を過ごすのか、「いざとなったら何とかなる。少なくとも今は、人に与えながら生きよう」と思いながら毎日を過ごすのかで、人生の質はぐっと変わってきます。

なお、極端に豊かな方を除いては、案外堅実にお金をためてきた方のほうが、お金への怖れが強い傾向があるように思います。堅実にお金をためてきた、ということは、お金についての意識がしっかりしているということだからです。むしろ、そうでない人のほうが、将来を心配せずに生きていることも多いですね。

今までの人生を少し振り返ってみましょう。今の幸せや安定は、本当にお金のおかげだったのか。家族が仲よく協力し合ってやってきた結果なのではないか。そうであれば、社会人になったお子さんたちも、いざというときには助けてくれるでしょう。

「お金をためてきた」を、「まじめに生きてきた」に言い換えるだけで、この話の本質が見えるように思います。

ご質問に答えれば、「お金がなくなったらどうしよう」という怖れにとらわれている限り、お金についての不安は続くでしょう。

でも、これだけ「まじめに生きてきた」方が困った状況に陥るようなときは、ほかの人はもっと困るでしょうし、社会のあり方が変わるべきときなのかもしれない、と考えれば、堂々と生きていけるのではないでしょうか。

「孤独」を感じたら、誰かに〝与えて〟みよう

孤独と、どうつき合うか

子どもが成長して気がつけば夫と二人きり、学生時代の友人とは今や疎遠、親や友人との死別……など、50代前後から、ふとした瞬間に孤独を感じることが増えたような気がします。

そのような孤独感と、どのようにつき合っていけばいいのでしょうか。

また、孤独というと悪いイメージがありますが、本当にそうなのでしょうか。

ご質問の方はきちんと使い分けておられますが、**「孤独」（物理的なもの）と「孤独感」（自分の感情）は別のもの**です。

物理的には孤独でも、まったく孤独感を持っていない、という人もいますし、逆に、身の回りに人がいても心を開けず「孤独感」を感じることもありますね。

この二つ、つまり、物理的な「孤独」と、精神的な「孤独感」を区別しないと、「歳をとる＝知っている人が亡くなっていく＝家族とも疎遠になる＝孤独感からは逃れられない」というような思考から抜け出せなくなってしまいます。

孤独感は「得たい」という性質の感情です。「親しい人がいなければ、幸せにはなれない」というのは、「親しい人」を「得たい」気持ちと言えます。

この**「得たい」気持ちは、満たされることを知りません**。「もっと、もっと」になります。唯一無二の親友と思える人ができても、「もっと私のために時間を使って」というような気持ちになったりするのです。

今週は電話の時間が短かったとか、ほかの人と楽しそうに買い物をしていた、などという場面に遭遇してしまうと「なんで私じゃだめなの？　もっと大切にして！」と思うのです。

あるいは、子どもや孫がなかなか顔を見せてくれない、などという不満も、「得たい」気持ちですよね。「あれだけ苦労して育て上げたのに、何も恩返ししてくれない」というような感覚は、「本来得たいものが得られていない」ということそのものですね。

つまり、**「得たい」という気持ちは、「もっと、もっと」につながり、どこまでいっても満たされない「孤独感」が残ってしまう**と言えます。

「与える」と孤独感がなくなる

解決の方向は、逆向き、つまり「与えたい」の方向にあります。

「こんなに孤独な私が何を与えるの？」と思われるかもしれません。

でも、混雑した駅で困っている視覚障がい者の方をさりげなく導いたり、道がわからなくて困っている人に教えてあげたりすると、「孤独感」はなくなっていませんか？

「うまくたどりつけるといいな」といった明るい気持ちになったり、自分の中の優しさを見つけたりして、ちょっとよい気分になると思います。

このようなとき、私たちの心は開いています。**相手に与えようと優しい気持ちになっているときは、物理的には孤独でも、「孤独感」がなくなっている**のです。社会全体が、自分がケアできる対象のように思われるのです。**自分の心さえ開けば、「孤独感」はなくなります。**まるで世界のすべてとつながるような感じになるのです。

もちろん、「ご親切にどうも」と言われれば嬉しいですね。でも、「お礼の一言がなかった！」と怒りそうになるときは、やはり「得たい」モードなのだと思います。「与える心」は、与える気持ちよさ、心が開く感じ、「孤独感」からの解放がポイントなので、相手がお礼を言ってくれたかどうかは、実は大したことではないのです（まあ、お礼を言ってもらったほうが気持ちはよいと思いますが、変に義理として言われるのも、あまり気分がよくないものですよね）。

そうやって考えてくると**「匿名性」**がよいのではないか、となってきます。「私がやりました」ということが明確だと、相手にもお礼のプレッシャーを与えてしまったり、お礼がない時に自分の心が荒(すさ)んだりしかねません。

「匿名性」というのは、一番簡単なところで言えば、コンビニのレジに置いてある寄付箱ですよね。一円でも入れると、すごく気分がよいものです。

もちろん、相手の反応は見えませんが、それはまったく本質的なものではありません。自分が与える姿勢になって心を開いた、というところが肝心なのです。そして、「孤独感」の解決にもつながります。

また、歳をとることのよいところは、人生経験が増えること、いろいろな事情を抱えた人がいると知ることができること、などたくさんありますよね。与え方も上手になりますし、「どうしてこんなことをするの?」という若々しい疑問から離れて、「ああ、この人、今までいろいろあったんだな」という落ち着いた感じ方ができるのも、歳を重ねたがゆえのプレゼントなのです。

さて、もう一方の物理的な「孤独」についても考えてみましょう。

歳をとることのよい点として、ガツガツお金を稼がなくてよい、という点が(今の日本ではかろうじて……になってきましたが）あります。

ですから、いろいろなところに顔を出してみて、「ここは自分に合っている！」と思うところで新しいお友だちを作るなど、いろいろな形で人生を楽しんでみてください。

今までがんばって社会を支えてきたことへのご褒美の期間です。古いつながりはだんだんと減ってきても、新しい友人を作るチャンスはまだまだあります。

高齢者が集まるところでもよいし、思い切って若者が参加しているジムに通ってみるのはどうでしょうか。

同年代の人だけでなく、年齢差のある友だちができることもあるでしょう。

若い人たちからは、新しい知識を教えてもらったり、思いがけない素直さや優しさをもらったりすることもあります。

「一人」＝自由に行動できる！

最後に、「孤独は悪いことなのか」について考えてみましょう。今回のテーマは、特に、加齢による孤独ですので、「それまでの自分の人生があっての孤独」ですね。

たとえば、小学校高学年～中学生あたりの女子は、つるむ傾向にあります（残念ながら、それがいじめにつながったりします）。

一人でいたりすると、「友だちいないのかな？」「性格が悪いんじゃない？」などという陰口も当たり前のように聞かれます。

でも、もう私たちは中学生ではないのです！　誰かとつるまなくても生きていけるし、旅行の時など、むしろ一人のほうが相手に気を遣わず自由に行動できる、などの長所があります。

好きな本をじっくり読むのも一人。

美術館に行ったときなどは、特に相手とのペースの違いが目に付くでしょう。

一人でいることの最大の長所は、「自分がすべて仕切れる」ことです。そんな長所も見出しながら、上手に歳をとっていきたいですね。

今回のお悩み

孤独になるのが怖い……

気の置けない友人が、ほとんどいません。夫の仕事の都合で転勤をしたため、近くに学生時代の友人はいません。子どもが小さいころは〝ママ友〟もいましたが、今は疎遠になっています。ご近所や仕事先の人とは知り合い程度で、それ以上の仲には発展せず。夫も話し相手としては不十分。近い将来、完全に独りぼっちになるかも……と不安です。

このケースも、先ほどの考え方を適用すれば、「得たい」モードだと言えます。誰も自分と親しくなってくれない、という被害者モードだとも言えます。

ここで、先ほどご説明したように、**「得たい」ではなく「与えたい」に意識を転換してみましょう**。

今の生活の中で、何か与えられる要素があるでしょうか。くれぐれも、「得るために与える」はやめてください。**与えたまま何も返ってこなくても、与えている自分がポカポカすれば、孤独感からは解放される**のです。

夫に対しても、与える姿勢で向き合ってみましょう。男性はほめられるのが大好きですから、温かい気持ちで、ちょっとしたことでもほめてあげましょう。

夫との仲が改善すると、「ねえねえ、今日聴いてほしいことがあるんだけどね」と話しやすくなると思います。

ただし、男性は女性と違って顔色を読んでデリケートな対応はしてくれないだろう、と思っておいたほうがよいです。

また、「あなたは頭がいいからすぐまとめたりアドバイスしたりするけど、そういうのなしで聴いてくれる?」と前提条件をつけておけば、かなり関係はよくなると思います。

結論としては「このことで困っているから手伝ってくれる?」と助けを求めてもよいし、「話を聴いてくれてありがとう。あなたに聴いてもらえると安らぐわ」と、感謝の気持ちを述べるのでもよいと思います。

近所の人に対しても、与える姿勢で関わってみると、今よりも心が通じたと感じる場面が増えるかもしれません。

「得たい」と思っていると相手のちょっとした足りないところに不満を抱きがちですが、「与えたい」姿勢であれば問題になりません。そういう意味では寛大な人になれます。

どうしても今の生活圏で「与える姿勢」で関われる人がいない、というのであれば、子育てボランティアなどもよい手でしょう。

「自分は何の役にも立っていない。自分なんていなくなっても何でもないんだ」というのが「孤独感」ですが、与える姿勢で関わって、相手の笑顔でも見られれば、ずいぶん違うと思います。子どもの明るく素直なエネルギーにも救われますよね。

最近は、病院の案内でもボランティアの方が活躍していますので、そういうところもよいと思います。

誰かから必要とされなくてもいい

そういうのも難しい、という方は、匿名寄付をお勧めします。子どものことに取り組んでいる国際あるいは国内団体などに匿名寄付をしてみるのです。

もちろん実名でもよいのですが、そうすると「あれ？　お礼状が届かない」といった「得たい」気持ちに火がついてしまう可能性がありますから、純粋な「与えたい」は匿名のほうがやりやすいでしょう。

前述しましたが、コンビニにも、おつりの小銭を入れる寄付箱がありますよね。買い物をしたらおつりを入れてみる、ということをすると、「私って優しいな」というような感覚が出てきて、「誰からも必要とされない孤独な人間」という感じ方とはまるで違ってくることがわかると思います。

誰かから必要とされなくてもよいのです。与えることによって、ポカポカした温か

さを自分の中に感じられれば、「孤独感」からは少なくとも解放されます。

もちろん、趣味など、新しい活動を始めることもよいでしょう。そこで現在に集中していれば、「自分はなんて孤独なんだ」などという気持ちは浮かんできません。また、趣味仲間もできるでしょう。

今に集中すること、そして、どんな状況でも「得たい」ではなく「与えたい」を意識することは、万能なのです。

「喪の作業」を踏んで、死別を受け入れる

大切な人を失ったとき

50代というと、両親・兄弟姉妹・友人などを亡くす人もいるかと思います。

大切な人を失う、というのは、人間が経験することの中で最も衝撃的なものの一つと言えます。そして、多くの人が、ほぼ必ず経験することです。私たちは、大切な人を失ったときの喪失感や寂しさと、どう向き合っていけばいいのでしょうか。

「否認」→「絶望」→「脱愛着」

大切な人が亡くなると、人は**「喪の作業」**と呼ばれるプロセスを体験します。それは、「信じられない」という**「否認」**に始まり、いろいろな感情が出てくる**「絶望」**の時期へと移行します。

この時期には、「もっとよい人間になりますから、亡くなった人を返してくださ い」というような気持ちが出てきたり、親しい人と幸せそうにしている人を見ると「なぜ自分だけ」と羨望(せんぼう)から怒りを感じたりします。

また、生前の関係性によってさまざまですが、「もっとよく接していればよかった」「あんなにひどいことを言わなければよかった」「やりたいことをやらせてあげていたらよかった」などの後悔や罪悪感が強く感じられるときもあります。

この**「絶望」の時期は苦しいですが、次に進むためには通らなければならないプロセス**です。

この時期にいろいろと感情的になることによって、次の**「脱愛着」**の時期に進むことができます。

「脱愛着」の時期になっても悲しみは一生続きますが、死別が人生を支配するほどの力を持たなくなり、現在を生きるためのバランスがとれてきます。ここまでが「喪の作業」と言われるものです。

「喪の作業」は、とても大切なものです。

一生懸命に生きた事実に目を向ける

相手の死が突然であるほど、「なぜ?」という気持ちが強く続くものです。

「なぜ?」の答えは一般に得られないものですが、ただ、相手は「突然亡くなってしまったかわいそうな人」なのではなく、生きていた間の人生をしっかりと生きて、自分を含め周囲の人にいろいろな影響を与えてきたのだ、という大きな視点を持てるようになりたいものです。

死について避けるのではなく、あえてアルバムを出してきて生前の故人を振り返ってみたり、親しい人と思い出話をしたりすることが役に立ちます。思い出の場所に行ってみるのもよいでしょう。

避けたがるときは、「亡くなってしまった相手」にばかり目がいってしまい、その人が一生懸命生きた、という事実が軽視されてしまうのです。自分も生きる一人。**がんばって生きたほうを尊重してほしい**ですよね。

葬儀なども実は大切な手続きです。「悲しすぎてお葬式になど出られない」「悲しすぎてお墓参りできない」と、故人との関わりを避けようとする人もいますが、これは悲しみを乗り越えるためには逆効果です。**つらくても向き合っていかないと、いつまでも「喪の作業」が「否認」で止まってしまう**のです。

このことには、いろいろな問題があります。

亡くなってしばらく経ってから、単なる「喪の作業」ではなく、うつ病などを発症してしまうということです。人によっては、人生の後の時期になって、誰かが亡くなったことをきっかけにうつ病になることもあります。あるいは、亡くなった方の記念日、命日、不治の病を宣告された日など、特定の日に調子を崩すこともあります。

また、「悲しみ」がメインにならないうつ病になることもあります。身体の痛みや不調を感じるものの、検査をしても何も異常が出てこない、というようなケースです。

亡くなった母親が晩年に足が麻痺していたような場合、同じような年頃になった時に足のトラブルが出てくることもあるのです。これも、身体症状が強く出たうつ病と言えます。

これらのことを考え合わせてみると、内向的な「喪の作業」は欠かせないものなのですが、人によってはそんな余裕がない場合があります。

たとえば、シングルマザーです。子どもが二人いて、専業主婦だったけれど、夫が会社でひどいハラスメントに遭って自死してしまった。

こんなケースでは、夫が亡くなるやいなや、この先どうやって子どもたちを養えばいいのか考えなければならなくなりますし、まずは生活が最優先となるでしょう。

理想的には、夜にでもゆっくり、「パパはお空から見ているよ」などという話ができればよいのですが、とてもそんな余裕はないことが多いと思います。特に、それまで専業主婦だった方は、自らの仕事への適応も大変ですから、かなりの負担ですね。毎日お子さんを抱きしめて「大好きよ。だからお仕事がんばってくるね」と言うくらいがせいぜいでは？　と思います。

あるいは、亡くなった方が債務を抱えていた場合。亡くなった早々から金策に走らなければならなくなり、そんな中では故人への怒りも感じますから、ゆっくり「喪の作業」をしている場合ではないでしょう。

ただ、うつ病になるのを待つのも嫌なので、少しずつでよいので「喪の作業」をしていただきたいと思います。

亡くなってからも魂でつながっている

人によっては「男に涙はいらない」とか、「私は強いから大丈夫」と思うかもしれません。また、人が亡くなった後に、全力でがんばることが、自分の元気につながると思っている人もいます。でも、それは違います。

亡くなった方のことを否認し続けたり、遺品を片づけなかったりすると、いつまでたっても「最も大切なところがぽっかり空いた人生」になってしまうのです。

「大切な人が亡くなった」というきっかけから、現在自分が生きていく上で大切な人との関係を再構築していく。亡くなったことを否認していたら、そんなことはとてもできません。

人間にとっては、支えてくれる人がいたほうが、はるかに人生の質が高まるのです。

生前には、現実的な問題がいろいろあったとしても、亡くなってしまうと、本当に魂同士のつながりになります。

相手から評価を下されたりすることもなくなり、ある意味、安心して関わることができるので、生きていたときよりも近く感じる、という人もたくさんいるのです。

今回のお悩み

夫の突然の死から立ち直れない

昇進が決まり、これからという矢先に、夫が突然亡くなった。夫のことを思うと、無念で、悔しくてたまらない。「もっと健康に気をつけてあげればよかった……」と、つい考えて、落ちこんでしまう。

昇進していよいよこれから、というときの夫の突然の死。自分にとってもショックだし、おっしゃっているように、夫の立場に立ってみると悔しいですね。

このような感覚を持つのは、人間として当然のことです。特に、ご相談内容から察するに、仲のよいご夫婦だったのだと思います。大切な配偶者に突然先立たれるのは、大変大きな衝撃ですね。

出てくる感情を抑えこまない

ただ、ちょっと夫の立場に立ってみれば、「突然亡くなってしまったかわいそうな人」ではなく「昇進するほど仕事をがんばった人」として記憶されたいと思うのではないでしょうか。昇進とは、夫がそれだけ仕事をがんばり、人望もあった結果だと言えます。

もしかしたら夫は悔しさなどなく、「仕事をがんばっていい人生だった。あとの心配は家族だけ」と思っているかもしれないのです。

ここでも「喪の作業」をしましょう。

「これからというときになんで？　きっと何かの間違いだわ」という「否認」の時期。それでも葬儀などで現実に直面せざるを得なくなると、「あんなにがんばったのに。自分がもっと健康に気を遣ってあげればよかった」「私が心無いことを言ったから、ストレスで追い詰めてしまったのかも」など、罪悪感を中心とした感情が出てくるでしょう。

場合によっては、夫がかなり多忙だった場合など、「会社が夫に無理をさせたのではないか」という会社への怒りも出てくるでしょう。

この時期に出てくる感情は、なんでも「あり」です。それほど大きなことが起こったのですから、いろいろな感情が出てきます。**大切なのは、それを抑えこまないこ**

と。自分の感情一つひとつを、「そう思って当然だよね」と肯定してあげてください。

夫の死について、職場への不満があったりする場合、労災などの手続きを進めてみることも一案です。結果として取得できないとしても、その手続きを進める上で、温かい言葉をかけてもらったりもできるでしょう。

お子さんがいらっしゃるのであれば、あるいはそれ以外にも親しい方がいらっしゃるのであれば、やはりアルバムを一緒に見たり、いろいろな思い出話をしたりしましょう。

相手は気を遣うかもしれませんが、「こうやって、夫が充実して生きたということを心に刻んでおきたいの」と伝えればわかってくれると思います。

「喪の作業」に要する期間は、一般に半年以内と言われています。でも、突然の衝撃的な死の場合などは、年単位で続くこともあります。必要でしたら「喪の作業」の専門家の力を借りて、ご自分の人生を取り戻していただきたいと思います。

わかってくれそうな人に話してみる

地域が機能していた頃は、それが地域でできていたのだと思います。みんなが夫を知っていて、その夫を失った本人の悲しさも理解してくれたでしょう。

一人だけで「喪の作業」をすると、往々にして夫が現実よりも立派な人間だという気になって、「自分は何という人を失ってしまったのだろうか」と落ちこみがちになります。

でも、夫を直接知っている人たちと思い出話をすると、「こういうところはよかったけれども、ああいうところはだめだったよね」などと言ってもらったりして、理解されているという感覚を持つこともできますし、夫を過度に理想化しないですみます。

地域が機能しなくなった昨今では、人間関係がそれほど濃くありませんから、さしあたり、周りの素人の人（普通の人）は、「ご主人の分もがんばって」「お気落としなく」などと声をかけてくるでしょう。

でも、夫の分もがんばるのは「喪の作業」が終わってからで十分ですし、夫の死によって「がんばる」のとらえ方が変わってきているかもしれませんね。

配偶者を突然亡くせば、気分は落ちますから、「お気落としなく」より「お大事に」のほうがよいですね。

話をわかってくれそうな人には、自分のそんな感じ方を話してみる。わかってくれそうもない人には「はい、がんばります」程度の返答をしておく。

自分が特に傷つきやすくなっているときにコミュニケーションする相手の選別はとても重要です。

ぜひ、**「安全な人」（勝手に決めつけない人）を見つけて、話してみてください**。

そういう人がいなければ、先述したように、「喪の作業」の専門家に相談なさるのが最もよいと思います。

「今」に目を向けると、「死」に振り回されない

病気や死がとても怖い

50代にもなると、病気や死の不安と向き合わざるをえない状況に立たされることもあります。いつ病気になるのか、再発するのか、命が尽きるのか、といった不安と、私たちはどうつき合っていけばいいのでしょうか。

「死」は、私たちが経験（予想）する中で最も大きな衝撃であると言えます。それぞれの死生観にもよりますが、「すべての終わり」と感じる人も多いでしょう。

疲れ切ってしまって「もう死んでしまいたい」と思っているときですら、現実に死の恐怖に直面すると、「怖い」「いやだ」と感じる人も少なくないものです。

また、周囲の人に与える影響も、並大抵のものではありません。

「死」はあまりにも強烈なので、「死」「死の可能性」を通してものごとを見ると、恐怖や絶望のあまり、ある意味では思考停止のような状態になってしまいます。

そして、それが、**「まだ生きている」私たちの「現在」の質を損ねてしまう**のです。

そのことをよく教えてくれる実話があります。米国の男の子の話なのですが、子どものガンになってしまい、もうすぐ死んでしまう、という状況にあります。その子は自分が死んでしまうということを知っています。

その子が知りたいことは、「死んだらどうなるのだろう」ということです。その子の立場から見れば当然の疑問です。

そこで、その子は、病院で自分のもとを訪れる人すべてに、「ねえねえ、人間は死ぬとどうなるの?」と問いかけます。

しかし、多くの人にとってこの質問は「かわいそうすぎる」のです。こんなかわいらしい小さな命が、もうじきなくなってしまうなんて、あまりに酷で答えられないのです。

そのつらさから、だんだんと人の足は、その子のもとに向かわなくなってしまいました。

これは、どれほど悲しいことでしょう。もうじきガンで死んでしまうというとき、一番聞きたいことを聞くと人が遠ざかっていく。一番知りたいことを知ろうとすると、人とのつながりが切れていく。

ただでさえ不安で寂しい時期に、「もうじき死ぬなんてかわいそう」という思いこみによって、その子の人生の最期は、実際「かわいそう」なものになってしまったのです。

「よく生きる」とは、「よく死ぬこと」

私たちは、ここから多くを学ぶことができます。一つは、**「死」を怖れすぎると、**

「まだ死んでいない」現在の暮らしや人間関係が乗っ取られてしまうということです。

「〇〇したらどうしよう」ということばかりを思い悩んでいたら、「生きている現在」が意味をなさなくなってしまうのです。まるで、生きていないみたいですね。

そもそも、**人間に寿命がある以上、私たちの望みは「死なないこと」ではなく、「豊かな人生を生きること」**であるはずです。

この頃では、「寿命」よりも「健康寿命」のほうが重視されつつあるようです。寝たきりで、ただ長生きするよりも、自分らしく活動できる人生を、という考えですね。

もちろん、人生のどのくらいの時期にいるかによって、目標とすることも、できることも違うでしょうが、その年頃に合った「豊かな人生」を生きて、最期は人生で出会った人たちや出来事、自分の人生を支えてくれた地球への感謝などを感じて逝きたいものです。

「死」は、その人の死生観にもよるのでさまざまでしょうが、それぞれに与えられた身体をもって生きる終点であることは確かです。

「よく生きることは、よく死ぬこと」という名言がありますが、**「死」に焦点を当て**

てしまうと、現在の人生が損なわれてしまいます。最悪の場合、「死ぬこと」を怖れてばかりいたら、何もできない人生になってしまいます。

「今、ここ」を生きる

一方、人生は、現在の積み重ねなのですから、「現在」に焦点を当てていけば、今の現在、次の現在、また次の現在、と豊かな人生が続いていきますね。

そんなふうに生きた人は、後悔の念なく、感謝を持って、命の終わりを迎えることができるのではないでしょうか。

「いつ病気になるのか」
「いつ再発するのか」
「いつ命が尽きるのか」

これらは、基本的には知りえないものです。もちろん、再発しやすいガンもありますが、あくまでも可能性であって、自分がそれに該当するかどうかはわかりません。

病気についても、よほど遺伝性の強い病気を抱える家族に生まれていれば別ですし、そういう場合は、早めに医学的な助言を得たほうがよいと思いますが、そうでない場合は、せいぜい、喫煙はよくない、という程度の話になります。

もちろん、身体によいとされる物質は連日のように宣伝されていますが、**よほどしっかりしたエビデンス（科学的根拠）がないものは、信じすぎると振り回されてしまいます**。

情報に振り回されると、「今、自分はこれを食べているけれどもいいのだろうか？」などと、自分の毎日を疑うようになってしまうので、これまた「現在に生きる」感じを損ねてしまいますね。

どう接してほしいかを考えておく

また、人生において、とても重要なものは人間関係です。私は対人関係療法というエビデンス・ベイストな（効果についての科学的な根拠がある）精神療法を専門として

います が、**人からきちんと支えられているという感覚は、心の健康にとって、とても重要**なのです。

先ほどの男の子の例では、周りが「かわいそう」というバリアを築いてしまって、温かい交流を妨げてしまいました。

自分が患者の立場になったときに、同じことをされたら、やはりきついと思います。ですから、**病気になったら、あるいは再発したら、どういうふうに接してほしいかを考えておくのがよい**と思います。

もちろん病気のステージによって調整が必要でしょうが、「私に対しては、こういうふうに関わってね」ということが明らかになっているほうが、周りも動揺せずに役に立ってくれると思いますし、「あなただけはガンにならないと思っていたわ。なんてかわいそう」などの無神経な発言も減ると思います。

もちろん、これらは他人がガンになったときにも応用できるもの。「かわいそうに」というバリアを作らずに、「今何してほしい?」という平らな気持ちでいるのがよいと思います。そこに「かわいそう」などの気持ちをのせると、相手との温かいつながりも損なわれる、ということは覚えておくと役立つと思います。
以上、お話ししてきたようなことを、ある程度イメージしておけば、いつ病気になるのか、再発するのか、命が尽きるのか、といった、本来コントロールできないことを、精神的には受け入れやすくなるのではないでしょうか。

今回のお悩み ガンが再発したらとおびえる毎日

検査を受けたところガンが見つかった。手術を受けて一命はとりとめたが、「再発するのでは……」と不安でたまらない。考えないようにはしているが、ネットや本の情報をついつい見ては一喜一憂している。

「検査の結果、ガンが見つかる」というのは、とても衝撃的な体験となります。ガンは多くの人にとって、「死」を思わせる病気だからです（実際には、ガンになった人のすべてが亡くなるわけではありませんが）。

それまで健康にあまり気を配ってこなかった人、あるいは健康には自信があった人、いずれにとっても、「もっと健康に気を配っていれば……」「もっと早期に発見できていれば……」などという後悔をもたらすことが多いですし、この例のように、手術が成功したケースであっても「再発」や「転移」の二文字が重くのしかかります。

ネットや本でデータを調べたり、自分と同じようなケースを検索したりすることにもなるでしょう。

そして、合理的にどれほどの根拠があろうと、一喜一憂したり、一度は安心した後も「でも自分の場合は……」と、再び心配になったりすることもあると思います。

不安になるのは人間として当然

このような気持ちになるのは、まず、人間として当然のことです。

人間は、毎日を、なんとなく「まあ、何とかなるだろう」と思って過ごしています。

明確にそう意識している人は多くないと思いますが、**何かひどい衝撃を受けると「まあ、何とかなるだろう」が失われて、ものすごく不安になる**のです。

ですから、予想していなかったことを突然宣告されたら、それは大きな衝撃で、「まあ、何とかなるだろう」が吹き飛んでしまいますから、おろおろして当たり前ですし、安心感をすっかり失って、「また起こるのではないか」と思うのも当然です。

まずは、**それらの気持ちを「人間として当然のこと」「誰もが思うこと」と肯定してください。**そのうえで、ですが、**今後再発しようとしまいと、どう生きていきたいかを考えてみてください。**

病気は生き直すきっかけになる

今回のガンは、「現在を大切に」というメッセージであるとも言えるのです。

人生には終わりがあるということに目を向けると、一分一秒を、新鮮に感じることができるでしょう。

「いつまで生きられるだろうか」ではなく、「今日もまた生きられる」なのです。

「仕事が面倒くさいなあ」「やらなければならないことばかり」と、むしろ消極的な姿勢で生きてきた人にとっては、「人生の価値」を積極的に考える機会につながるでしょう。面倒だった仕事が、とても新鮮に愛おしく感じられるかもしれません。

また、今回のガンは同時に、「自分を大切に」というメッセージでもあります。

私たちはどうしても、無理を引き受けてしまうもの。「忙しさ」などを理由に、自分を粗末にしてしまうのです。

その結果、適当な「ながら食事」ですませたり、睡眠不足が積み重なったり。自分を犠牲にすることに、案外鈍感なのです。

そして、粗末にしているのは、身体だけではありません。

「再発したらどうしよう」というプレッシャーを常に自分にかけ続けることも、「心を粗末にしている」よい例です。

健康のためにできるだけのことをする。栄養や運動に気をつける。無理をしないで休息をとる。自分をストレスにさらし続けない。このあたりが基本になるのだと思います。

このような生き方は、再発を防ぐと同時に、それそのものが「豊かな人生」にもつながりますね。

万が一再発するとしても、「再発したらどうしよう」で人生を無駄遣いしていたときよりも、よほど、「自分は豊かな人生を生きた」と思えるのではないでしょうか。

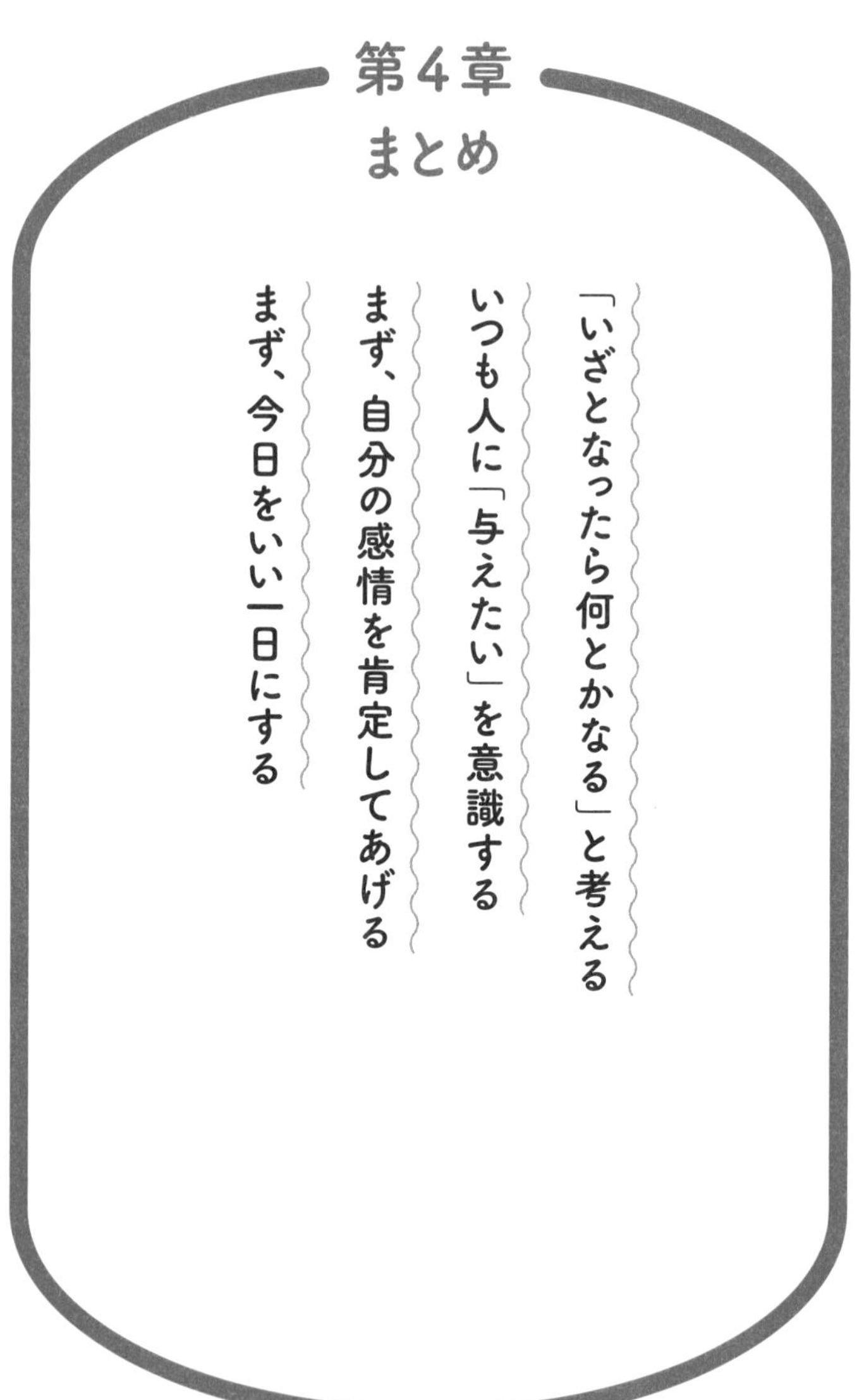

第4章 まとめ

「いざとなったら何とかなる」と考える

いつも人に「与えたい」を意識する

まず、自分の感情を肯定してあげる

まず、今日をいい一日にする

本書は、『ＰＨＰ増刊号』の連載「50代からの人間関係」（2018年３月号、５月号、７月号、９月号、10月号、11月号、2019年１月号、３月号、４月号、５月号、７月号、９月号、10月号、11月号、2020年１月号、３月号）に大幅な加筆を行い、書籍化したものです。

〈著者略歴〉

水島広子（みずしま・ひろこ）

精神科医。慶應義塾大学医学部卒業、同大学院修了（医学博士）。慶應義塾大学医学部精神神経科勤務を経て、対人関係療法専門クリニック院長、慶應義塾大学医学部非常勤講師（精神神経科）。日本における対人関係療法の第一人者として臨床に応用するとともに、その普及啓発に努めている。2000年６月から2005年８月まで、衆議院議員として児童虐待防止法の抜本的改正などに取り組む。

主な著書に、『自分でできる対人関係療法』『夫婦・パートナー関係もそれでいい。』（以上、創元社）、『拒食症・過食症を対人関係療法で治す』（紀伊國屋書店）、『怖れを手放す』（星和書店）、『女子の人間関係』（サンクチュアリ出版）、『焦りグセがなくなる本』（ＰＨＰ文庫）、『自己肯定感、持っていますか？』（大和出版）など多数がある。

50代からの人間関係

2020年2月12日　第1版第1刷発行

著　者　水島広子
発行者　後藤淳一
発行所　株式会社ＰＨＰ研究所

東京本部　〒135-8137　江東区豊洲5-6-52
第二制作部ビジネス課　☎03-3520-9619（編集）
普及部　☎03-3520-9630（販売）
京都本部　〒601-8411　京都市南区西九条北ノ内町11

PHP INTERFACE　https://www.php.co.jp/

制作協力
組　版　株式会社PHPエディターズ・グループ
印刷所　大日本印刷株式会社
製本所　東京美術紙工協業組合

　ISBN978-4-569-84589-0